青少年拓展视野的最佳读物

# 民间艺术卷

刘宝恒 主编

图书在版编目(CIP)数据

万物简史·民间艺术卷/刘宝恒主编.-- 北京:北京联合出版公司,2013.10(2022.1重印)

ISBN 978-7-5502-1992-2

Ⅰ.①万… Ⅱ.①刘… Ⅲ.①科学知识—普及读物 ②民间艺术—艺术史—中国—普及读物 Ⅳ.① Z228 ② J120.9-49

中国版本图书馆 CIP 数据核字(2013)第 229351 号

# 万物简史·民间艺术卷

主　　编:刘宝恒
选题策划:天昊书苑
责任编辑:李　伟
封面设计:尚世视觉
版式设计:程　杰

---

北京联合出版公司出版
(北京市西城区德外大街83号楼9层 100088)
北京一鑫印务有限责任公司印刷　新华书店经销
字数 100 千字　710 毫米 ×1092 毫米　1/16　11 印张
2013 年 10 月第 1 版　2022 年 1 月第 3 次印刷
ISBN 978-7-5502-1992-2
定价:49.80 元

---

# 前言

# FOREWORD

人类生活的世界是一个包罗万象的世界，是一个记载世间万物的世界。这个世界的任何事物都有自己的历史，每一个事物的历史都蕴含着重要的知识、揭示着某种道理。了解这些历史，对青少年读者的学习和生活都有着很大的益处。它不仅可以丰富青少年读者的知识结构，而且还可以拓宽青少年读者的眼界。

本套《万物简史》丛书属于科学史类读物，主要以简史的形式将人类自古以来、古今中外的“物质化”与“精神化”的所有富有代表性的事物给予简述，使得青少年读者能够通过本套丛书而熟悉学习中、生活中及身边的一切事物的历史由来，及夹杂在这些历史脉络中的有趣故事与知识性趣闻。

丛书系列记载了人类历史中最精彩的部分，从实际出发，根据读者的阅读要求与阅读口味，为读者呈现最有可读性兼趣味性的内容，让读者更加方便地了解历史万物，从而扩大青少年读者的知识容量，提高青少年的知识层面，丰富读者的知识结构，引发读者对万物产生的新思想、新概念，从而对世界万物有更加深入的认识。

此外，本套丛书系列为了迎合广大青少年读者的阅读兴趣，还配有相应的图文解说与介绍，再加上简约、独具一格的版式设计，以及多元素色彩的内容编排，使本套丛书的内容更加生动化、更有吸引力，使本来生趣盎然的知识内容变得更加新鲜亮丽，从而提高了读者在阅读时的感官效果，使读者零距离感受世界万物的深奥、亲身触摸社会历史的奥秘。在阅读本套系列丛书的同时，青少年读者还可以轻松享受丛书内容带来的愉悦，提升读者对万物的审美感，使读者更加热爱自然万物。

# 目录 Contents

# 第一章

# 手工艺术

手工艺品，是指民间的劳动人民为适应生活需要和审美要求，就地取材，以手工生产为主的一种工艺美术品。手工艺品的品种非常多，如宋锦、竹编、草编、手工刺绣、蓝印花布、蜡染、手工木雕、泥塑、剪纸、民间玩具等。由于各地区、各民族的社会历史、风俗习尚、地理环境、审美观点的不同，各地的手工艺品具有不同的风格特色，充分展示了手工艺术的不同风采。

手工制作工艺美术是生产者的艺术，它出自民间，服务于民众，并始终把实用和审美融合于一体，带有物质和精神的双重性，并非是纯艺术现象。民间工艺美术植根于社会最基层，在不同民族、不同地域生生不息，构筑了基础雄厚的大众文化底蕴，并对其他文化艺术产生过深远的影响。在追求个性化的今天，手工制作工艺以其独特的艺术魅力、装饰和实用的性能、手工随心所欲的乐趣，已经在我们身边流行起来，它像风一样渗透到我们生活的方方面面，丰富了人们的生活外，同时带来了巨大的市场前景。那么本章将带领大家去领略民间手工艺品的魅力，看看儿时的吹糖人、美妙的剪纸、精美的刺绣、中国特有的民间手工编结装饰品等。

# 雕塑艺术类

DIAO SU YI SHU LEI

## ◆吹糖人

吹糖人是一项拥有历史的传统民间手艺。据说吹糖人儿祖师爷是刘伯温，当年朱元璋为了自己的皇位能一代代传下去，就造“功臣阁”火烧功臣。刘伯温侥幸逃脱，被一个挑糖儿担子的老人救下，两人调换服装，从此刘伯温隐姓埋名，天天挑着担子走街串巷。

在卖糖的过程中，刘伯温创造性地把糖加热变软后制作成各种糖人儿，有小鸡、小狗等，非常可爱，小孩子都争相购买。许多人向刘伯温学做吹糖人儿，刘伯温一一教会了他们。于是，这门手艺就一传十、十传百，传到现在，据说已经有600多年的历史了。

糖 人

吹糖人的手艺人所用的全部家当就是一个小木箱子糖人的竹签直接插在箱盖侧面的孔里。手艺人拿起一小块棕色的麦芽糖，用一根细管插入糖块，边吹边转着圈，同时双手或捏、或拉、或拽、或扯，那糖块便像气球一般，渐渐地胀了起来。一会儿工夫，一只只活灵活现的猴子或公鸡就制作成了，相当神奇。

现在的吹糖人小摊

很多手艺人都是既吹糖人又画糖人的。与吹糖人相比，画糖人要简单一些，只需要先用油毡子在大理石板上轻轻蹭一下，然后用一把很精致的小铜勺舀上少许糖稀，微微倾斜着，糖稀就缓缓流出，紧接着手往上一提就成了一条糖线，随着手腕的上下左右地翻飞，一个个人物、动物、花卉就出现在大理石板上，待凉了定型后，用糖稀在糖人身上点两个点，把竹签朝上一贴就拿起来了，再往草把子上一插，便大功告成了。

画糖人

## ◆泥　人

民间艺人善于用天然的或廉价的材料，制作出精美小巧的工艺品，博得民众的喜爱。明清以后，民间彩塑赢得了老百姓的青睐，其中最著名的要数天津的“泥人张”和无锡的惠山泥人。

“泥人张”是北方流传的一派民间彩塑，它创始于清代末年。“泥人张”的创始人叫张明山，生于天津，家境贫寒，从小跟父亲以捏泥人为业，养家糊口。张明山心灵手巧，富于想象力，时常在集市上观

天津泥人张店

察各行各业的人，在戏院里看多种角色，然后偷偷地在袖口里捏制。他捏制出来的泥人个个逼真酷似，一时传为佳话。张明山继承了传统的泥塑艺术，从绘画、戏曲、民间木版年画等姊妹艺术中吸收营养。经过数十年的辛勤努力，一生中创作了一万多件作品。他的艺术独具一格而蜚声四海，老百姓都喜爱他的作品，亲切地送给他一个昵称：泥人张。

“泥人张”的彩塑，把传统的捏泥人提高到了圆塑艺术的水平，又装饰以色彩、道具，形成了独特的风格。它是继元代刘元之后，中国又一个泥塑艺术的高峰，其作品艺术精美，影响远及世界各地，在中国民间美术史上占有重要的地位。

与北方“泥人张”形成对照和呼应的是江苏无锡的惠山泥人。惠

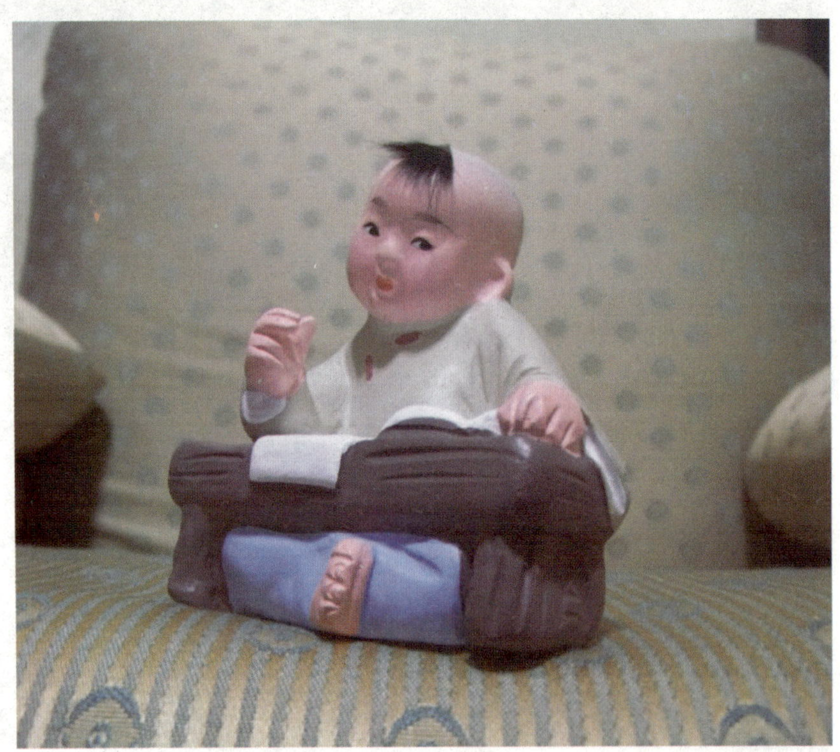

泥人张作品

惠山泥人

山泥人产生的时间很早，但其产生的确切时间已无从考证了。清同治到光绪年间，出现大量以戏剧为题材的戏文泥人，这也是惠山泥人历史上最昌盛的时期。这一时期，惠山有作坊、店铺 40 多家，专业匠师 30 多人。在慈禧太后六十大寿时，地方官把一套大型手捏戏文泥人《蟠桃会》供奉给内廷，从此惠山泥人便成为贡品。

泥塑艺术作为中华民族一种传统的民间艺术，早已走出国门，成为中外文化交流的使者，远涉重洋，为越来越多的国家和人民所接受和喜爱。

## ◆泥咕咕

“泥咕咕”是浚县民间对泥塑小玩具的俗称，因为能用嘴吹出不同的声音，所以形象地称之为“咕咕”。据《资治通鉴》记载，隋末农民起义时，李密领导的瓦岗军曾在古黎阳（现在的浚县）与隋军大战，不少将士和战马阵亡，为了纪念这些牺牲的将士和战马，军中一些心灵手巧的人就用当地的黄胶泥捏成泥人、泥马来表示怀念之情。这一技艺就这样随着历史的发展延续了下来，流传至今。

浚县泥咕咕发展到现在已有三大类50多个品种。主要有以三国、水浒和瓦岗军为原型的人物，以及老虎、狮子、大象和燕子、斑鸠、孔雀等形象的兽类和飞禽。古老朴素、逗人喜爱的泥咕咕寄托了劳动人民对生活的热爱和对未来的希望。

泥咕咕

浚县泥咕咕的特点是以黑色为底色，然后在底色上用自制的毛笔点画出各种花样。彩绘是以黑色、棕色打底，再描绘上白色、大红、大绿、大蓝、大黄等条纹，大都用原彩色，很少用调和过的中间色。颜色以蛋黄调制而成，能使色彩起明发亮，对比强烈。浚县泥咕咕造型古朴拙雅，加之民间大红大绿的着色，使作品美感顿生。

浚县杨纪屯泥咕咕作坊

浚县泥咕咕一般有四种制作形式。一是模具制作，有扁头狮、小燕子、小丫鬟等；二是手工捏制，有小马、小猴、猪八戒；三是模子和手捏相结合，有骑马人等；四是在泥玩具身上加钢丝、弹簧，有活头马、活头狮子等。艺人们用的泥料和工具都非常简单。就地取材，把村边的黄胶泥挖回家，加水和成泥巴，用木棍捶打几遍，使其变得柔软细腻，如面团一般。工具是一根竹棍儿，削成一头粗一头尖，用以雕画泥玩具的鼻、眼、嘴和身上的花纹；再根据其形状，在不同部位打眼通孔，用嘴能吹出不同的声音，群众称它为咕咕小哨儿。

浚县泥咕咕现在还是以小手工作坊生产为主。农闲时节，全家男女老少围坐在一起，边制作、边说笑，气氛热烈，和泥、造型各司其职，技艺娴熟，制作出来的泥咕咕晾干后，再在自家的小土窑进行烧制。一到那个时节，每家每户的窗台上、墙头上、灶台上，到处都摆满了他们精心制作的泥咕咕。

## ◆泥　哨

泥哨是流行于黄平一带的苗族民间玩具，又称泥叫叫，是苗族老人吴国清在传统泥俑、陶俑的基础上创新发展起来的小型彩塑泥捏。泥哨取材于十二生肖动物及其他飞鸟走兽，采用本地的黄泥作基本原料精制而成。泥哨造型注重头部特征，强调神似形略、夸张变形的艺术风格。其尾部下端有一个吹气孔和一个回气孔，两孔约成35°角，能吹出清脆悦耳的声音。

黄平泥哨

泥 哨

黄平泥哨这种集观赏艺术和玩具功能于一体的泥塑艺术品的制作工艺也挺复杂，先要用白善泥（观音土）和水后经反复摔打，直到泥土韧性适度，再依照制作者的想象捏制成型，以制哨棒开哨，抹油定型，阴干，最后覆盖上谷壳沤烧，24 小时后取出，泥哨便变得坚硬黝黑，再绘上五彩图案，一个造型夸张的泥哨才算制作完成。

黄平泥哨形式多样，色彩丰富，目前已发展到 100 余种，具有鲜明的地方民族特色。曾在西安、北京、上海、杭州、广州等地展销，均被抢购一空，也多次出国展出，被国内外各级博物馆、艺术馆广泛收藏。我国著名民间美术研究专家李木松先生称黄平泥哨“具有浓厚的民族特点，是国内独一无二的”。从事世界民间美术研究的法国专家吉莱姆夫妇，曾专程来黄平把泥哨带回法国展出，“泥哨在巴黎展出后，观众称之为绝妙之作”。

泥哨通过一根笛发音，这根俗称“竹叫子”的笛是插在捏成各种造型的泥坯之上的。泥哨的样式有鸡，有驴，有牛，更多的是人。泥坯之上搽之以白底或黑底后，再在底上彩绘。勾划之时，艺人们指间往往要挟三四根蘸有不同颜色的笔管，拳臂转动间，一个形神兼备的小玩意就此成就，上面还带有明显的飞白笔痕。色彩不是大红，便是大绿、大黄，是艺人们用两种不同颜料调配掺和的。

黄平泥哨造型多以生肖、各种动物为主，大的如拳，小的似李。与别的泥塑作品不同的是，动物肢体在泥哨艺人手中都变形为 3 只脚，每只动物由此变得生动，同时显得敦实、稳重。黄平泥哨的另一个突出特征是丰富、艳丽的色彩，象征着苗族人民丰富多彩的生活。除了美丽的外形，泥哨吸引买家的另一个特点就是它清脆的哨音了，大人可以把它当作乐器，小孩们则把它当作玩具，每人都乐在其中。

## ◆擦　擦

"擦擦"一词据说是源于古印度中北部的方言，是藏语对梵语的音译，意思是"复制"，指一种模制的泥佛或泥塔。藏地发现的早期印度风格的擦擦多由红色陶土塑成，边缘不规整，胎泥外溢，图案以神降塔、吉祥塔和菩提塔居多，且大都印有般若经咒。此后，藏地自身也开始制作擦擦，内容、题材逐渐增多，藏文的六字真言由藏文转写的梵文经咒取代。大约在 13 世纪以后，随着藏传佛教在内地的传播，藏式擦擦又传入杭州、北京等地。汉地及以往书面语称之为"模制泥佛像"或"拓模泥像"等。

藏传佛教僧俗制作擦擦的目的在于积攒善业功德，并将其视作消灾祈福的圣物，多用于佛像及佛塔的装藏。有些则直接置于寺庙、修

擦擦

习的岩窟或“擦康”“门塘”内,还有的堆放在山顶和路口的玛尼堆处，与风马旗、玛尼石刻和经幡在一起，受信众的顶礼膜拜。除以上的供奉方式外，还流行将擦擦安放于随身佩带的嘎乌之内，以便随时随地观想礼赞。此外，过去西藏地方政府四品以上的官员，还把盛有擦擦的嘎乌戴在发髻中，以作为官位等级的标志。

擦擦从工艺上可分为单面模具制作的浮雕和双面模具制作的圆雕。形制大致有两类：一是塔形，其上有佛像及各种变相；二是砖形，印有佛像和经咒。在色彩上又分为素泥、设色、泥金或二者兼具，此外尚有风干与火焙之别。从成分上看，擦擦的类别也较多。一般是用最普遍的泥土，考究的则用阿嘎土或掺有香灰、纸浆的泥土制成;另一种是用泥质药浆或藏药炮制而成的“药擦”。除此之外，

擦擦模具

还有将自己的上师、父母及亲友的骨灰、遗物与土混合制成的擦擦，以期消除罪恶，或者表示将身体供奉于佛，类似唐代的“善业泥”。

擦擦是从古印度石板塔腹内置放圣物的风俗演变而来的藏传佛教艺术品，其题材大多为诸佛、菩萨等造像和佛塔、经咒。按题材制作成的擦擦均符合最基本的藏传佛教仪轨，被藏传佛教僧俗视为禳灾祈福的宗教圣物，不可亵渎。

## ◆澄泥砚

澄泥砚是以沉淀千年的黄河渍泥为原料，经特殊的烧炼工艺制作而成。澄泥砚质坚而腻，经久耐磨，观若碧玉，抚如童肌，贮水不涸，历寒不冰，含津益墨，呵气可研。源于豫西黄河岸边，唐宋皆为贡品，备受历代文人雅士青睐。为中国四大名砚之一，与端砚、歙砚、洮砚齐名。

澄泥砚始于汉，盛于唐宋。当时端砚、歙砚还正处于初创阶段，

清末澄泥砚

因此，人们对澄泥砚评价非常高，视为“砚中第一”。此后，澄泥砚一路尊贵至明清，清人高凤翰的《砚史》、纪晓岚的《阅微草堂砚谱》、谢慎修的《谢氏砚考》，特别是清内府编绘的《西清砚谱》中，都大量收录有澄泥砚，足见古人对它的偏爱。至清代乾隆以后，澄泥砚便湮没消失了，其根本原因是制作技术失传。

澄泥砚之所以倍受赞誉，是因为它拥有四大特色：

（1）质地坚。澄泥砚质坚如石，耐磨持久，泽若美玉，击若钟磬。宋代米芾在他对砚的有关论述中，称赞澄泥砚坚实“扣之金声，刀之不入”。

（2）发墨好。古人把澄泥砚视为“陶之属”，“性坚而不燥、润笔不损毫”，因其发墨快，且不渗水。

（3）色彩奇。澄泥砚的颜色纯正、大方，它的“五光十色”是其他名砚所没有的。澄泥砚的色彩虽千变万化却绝无艳丽妖冶之态。

（4）雕刻美。澄泥砚造型生动，雕工讲究，飞禽走兽，花鸟鱼虫，无一不是澄泥砚的创作对象。圆雕、浮雕、透雕、线刻技法融汇于一方澄泥砚中，“其形小则柔美玲珑，大则敦厚气派，摹人则清秀俊雅，状物则灵动华丽”。

澄泥砚在烧制工艺上不同于别的陶瓷。古法制砚系用稻糠、干牛粪，先温火烧制，其目的是去除潮气，而后用炭火温火烧制，通过肉眼观察控制火温，烧三天三夜。出窑以后，用墨蜡、米醋蒸煮以达到含津益墨之功效。今法系在保留古法土窑烧制的基础之上，通过试验，采用多种名贵中草药后期烧制熏蒸而成。此法制作的澄泥砚，保留了古砚含津益墨的特性，且能保证使用本砚磨墨作出的字画不生蛀虫，故而成为收藏家们争相收藏的佳品。

牧牛澄泥砚

## ◆酥油花

每年农历正月十五，青海塔尔寺都要举办大型酥油花展，往往吸引十几万中外游客前来观看。有着数百年历史的藏族宗教艺术作品酥油花是中国藏传佛教圣地塔尔寺的艺术三绝之一，是由寺院艺僧手工制作的。酥油花以酥油为原料精雕细捏而成，以神像、人物、飞禽走兽、花草树木等为主要内容，形象逼真、色彩丰富，具有很高的艺术水平和独特的艺术魅力，2006年被列入首批国家级非物质文化遗产名录。

酥油花起源于西藏，相传在文成公主进藏时从长安带去了一尊释迦牟尼佛像。拉萨的喇嘛教徒为了表示对佛像的尊崇和爱戴，就在佛像前献上了一束酥油制作的花朵，从此，在藏族地区相传成习。酥油花的制作日趋精美，人物造型更加生动逼真，传神动人。据说格鲁派创始人宗喀巴大师晚年在西藏做了一个奇梦，梦见满山遍野的荆棘、树木变为明灯、鲜花。梦醒后，宗喀巴大师将梦中之事告诉弟子

酥油花

们，弟子们根据大师奇梦在数九寒天中用酥油制作了各色花卉和人物等。这就成为了酥油花的起源，后来每年正月十五这天在格鲁派各大寺院制作摆放酥油花便成为一种习俗流传了下来。

酥油花作品取材广泛、内容丰富，既有释迦牟尼本身的故事、历代嘉木祥塑像，又有佛教故事、楼亭殿阁，还有象征着藏汉民族团结的生动形象，更不乏各种山水花卉。艺僧们在高寒气候下，把各种颜色的石质矿物颜料，分别揉进酥油中，浸泡在冷水盆里，然后用十指和几个竹片就能塑造出各种独具特色的图案。酥油花制作时没有尺度，也不用模特儿，全凭个人想象力、实践经验以及娴熟的技艺即可制出各种色泽鲜艳、棱角分明、比例匀称、形象逼真的艺术精品。

酥油花作品

## ◆面　塑

面塑，俗称面花、礼馍、花糕、捏面人。它以糯米面为主料，调成不同色彩，用手和简单的工具，塑造各种栩栩如生的形象。中国的面塑艺术早在汉代就已有文字记载，经过几千年的传承和经营，可谓是历史源远流长，早已是中国文化和民间艺术的一部分。也是历史、考古、民俗、雕塑、美学等研究不可忽视的实物资料。就捏制风格来说，黄河流域古朴、粗犷、豪放、深厚；长江流域却是细致、优美、精巧。

捏面人

山东面塑起源于菏泽，至今已有300多年的历史。旧社会的面塑艺人“只为谋生故，含泪走四方”，挑担提盒，走乡串镇，做于街头，成于瞬间，深受群众喜爱，但他们的作品却只是被视作一种小玩意儿，是不能登上大雅之堂的。如今，面塑艺术作为珍贵的非物质文化遗产受到重视，小玩意儿也走入了艺术殿堂。

面塑按其使用功能可分为两类：一类是专用于收藏的面塑；另一类是可以食用的面

面 塑

塑。用于收藏的面塑通常用精面粉、糯米粉、盐、防腐剂及香油等制成，而用于食用的面塑则用澄粉、生粉等制成。

捏面艺人根据所需随手取材，在手中几经捏、搓、揉、掀，用小竹刀灵巧地点、切、刻、划，塑成身、手、头面，披上发饰和衣裳，顷刻之间，栩栩如生的艺术形象便脱手而成。婀娜多姿、衣裙飘逸的美女、天真烂漫的儿童，以及各种神话故事、戏剧、历史人物，放入精致的玻璃框内，就成为人们喜爱的工艺美术品。

## ◆傩面具

傩是中国远古时期全体成员参加的驱疫逐邪的巫术祭祀活动，是中国各民族先民共生的文化现象，人们惯常以巫傩称之。面具在傩事活动中占有突出的地位，是神灵的凭依之物，是神祇的具象化。

中国是世界上面具历史悠久、流传广泛、内容丰富的国家之一。

直至今天，面具仍以鲜活的形象分布于中国的24个省、自治区的39个民族中，构成世界面具文化的重要组成部分。傩面具是傩文化的重要组成部分，它广泛用于傩仪、傩舞、傩戏。南丰和上栗的傩面具种类众多，造型各异，均为杨柳木和香樟木所雕，然后敷彩上漆，形象粗犷朴拙、庄典华丽。

傩面具一般用柳木或白杨木制作。白杨木质轻，不易开裂；柳木在民间被认为是避邪之物，用它制作面具，有求吉祥之意。傩面具制作工艺复杂，重视色彩调配，浑厚凝重，造型丰富，制作时往往有范本参照。

面具雕刻艺人被称为“处士”，专职雕刻面具。在傩文化圈子里的人们的意识中，面具是神灵的象征和载体，如何对待面具，往往要遵守约定俗成的各种清规戒律。制作时，在面具头顶后凿刻的小方洞中，放入茶叶、灯芯草、稻谷、药物等，以油膏密封，称为“安腹藏”。还

戴傩面具的人

傩面具

要杀鸡取血涂抹面具，给额头和眼睛“开光”后，面具才成为有生命力的神灵。取用面具要事先举行“开箱”仪式，存放面具要举行“封箱”仪式。不让女人触摸面具，不让女人佩戴面具，面具的制作、使用、存放都是男人的事情。男人戴上面具即表示神灵已经附体，不得随意说话和行动。2006 年 5 月 20 日，该遗产经国务院批准列入第一批国家级非物质文化遗产名录。

## ◆微　雕

微雕，顾名思义，是一种以微小精细见长的雕刻技法。微雕是中国传统工艺美术品中最为精细微小的一种工艺品。它是在米粒大小的象牙片、竹片或数毫米的头发丝上进行雕刻的，其作品要用放大镜或显微镜方能观看到镂刻的内容，故被历代称之为“绝技”。

中国微雕历史源远流长。远在殷商时期的甲骨文中，就出现了微型雕刻。战国时的玺印小如累黍，印文却有朱白之分。众所周知的王叔远的《刻舟》，也是中国历史上微雕艺术的经典之作。

微雕施工面积极小，没有相当高的书法功底和熟练运用微雕工具的技能是难以完成的，且刻作时要屏息静气，神思集中，一丝不苟。微雕艺术“艺在微”，愈是细微，功夫愈精，价值也愈高。微雕也是十分讲究画面和章法的艺术，这就是“意在精”。微雕雕刻师首先要有很好的书法和绘画功底，虽然微雕细微到无法用肉眼辨认，但在放大镜下仍然十分精美如大幅的书法精品。

微雕特别讲究选材。首先，其石材质地要求绝对精纯，容不得有半点砂格和半丝裂纹，因为半个砂点就可能刻 10 多个汉字；其次，微

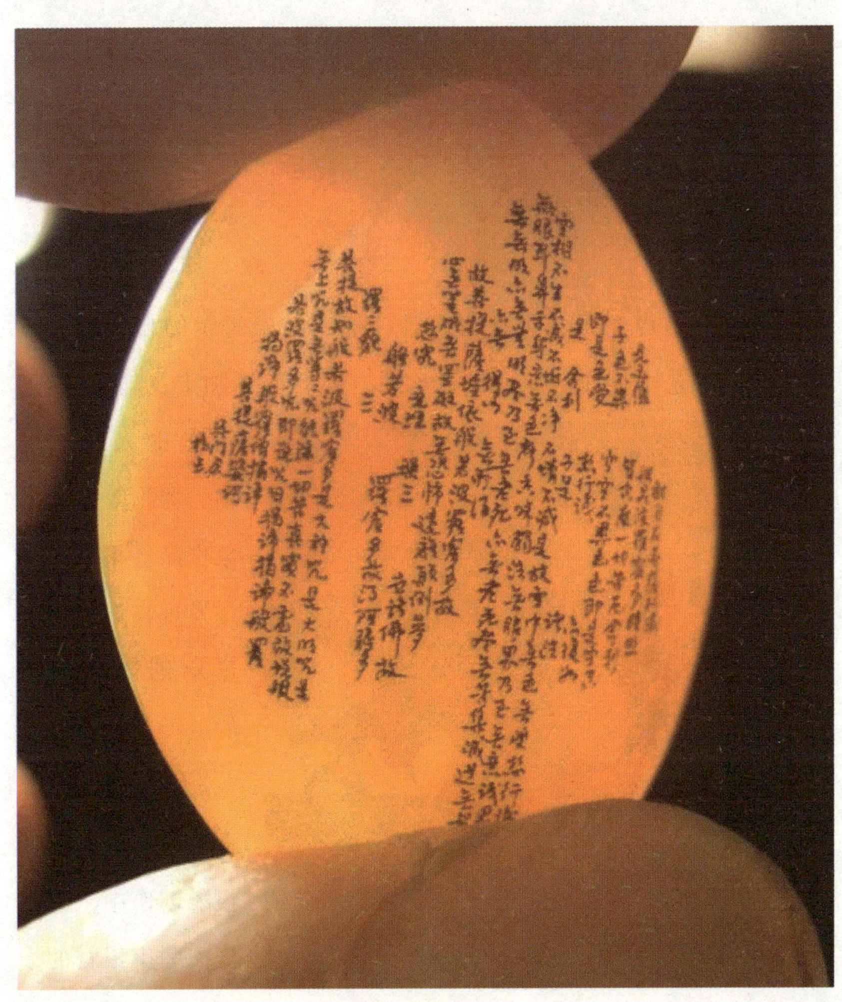

微 雕

雕的刀具也是特殊的细刀，既要尖细，又得锋利；第三，要有特别精熟的书法和国画功底，雕刻的时候才可进行“意刻”；第四，临场要屏息凝神，集中意念，毫厘千钧，一气呵成；第五，运刀要稳、准、狠，只有这样，才能使书法和刀法笔意达到完美的统一。

总之，微雕是一种以刀代笔，以精小细微为特征的独具风格的艺术形式。雕刻时肉眼看不见，凭感觉运刀，靠经验完成创作，因而人们又称之为“神刻意雕”，作品具有“微中藏世界，石上读华章”之妙趣。微雕艺术越来越为人们所喜爱，越来越被艺术家、鉴赏家、收藏家所重视，世界上正在形成一股微雕艺术热。

## ◆根　雕

根雕，是以树根（包括树身、树瘤、竹根等）的自生形态及畸变形态为艺术创作对象，通过构思立意、艺术加工及工艺处理，创作出人物、动物、器物等艺术形象作品。根雕艺术是发现自然美而又显示创造性加工的造型艺术，所谓“三分人工，七分天成”，就是说在根雕创作中，大部分应利用根材的天然形态来表现艺术

根　雕

形象，少部分进行人工处理修饰，因此，根雕又被称为“根的艺术”或“根艺”。

根雕艺术在中国的发展可谓是源远流长。早在原始社会时期，人们就已经会雕刻木像做装饰品。在1982年河北省荆州地区博物馆清理马山一号楚墓时发现了中国战国时期的根雕艺术作品《辟邪》。据国家文物部门考证，该文物制作于战国晚期，约在公元前340年到公元前270年之间，距今已有2300年。其形为虎头、龙身、兔尾的四足怪兽，极富动势神韵，色彩古雅朴实。隋唐时期，根艺发展已趋于繁荣。《李泌传》里有李泌用天然树根制作“龙形爪”献给皇帝的记载。清朝时期的根艺作品《玉玲珑麒麟》《凤凰》等更是在上海豫圆陈列至今。

根艺创作是一项艰苦的劳动，从选材、造型、构思和制作，直到命名，需历时一年半载，甚至更长时间方可完成。选材是根雕制作的第一步。根雕用材必须选择材质坚硬、木质细腻、木性稳定、不易龟裂变形、不蛀不朽、能长久保存的树种，如黄杨、檀木、榉木、柏木、榆木等都是根艺造型的上好材质品种。被淤泥淹没或深埋土中的死根，经数百年碳化形成的古老阴沉根木，其质坚几乎接近化石，是根艺的最佳材料。

根艺创作的构思必须着眼于最大限度地保护自然之形，溢自然之美，而一切人为艺术的再创造的痕迹需藏于不露之中。构思中应对根材作多角度的全面观察，反复揣摩，依形度势，深思熟虑后方能定型。如构思未成熟，一时难以立断的根材可搁置一段时间，常有经过一年半载后方能发现意外的收获。根雕的制作一般可分脱脂处理、去皮清洗、脱水干燥、定型、精加工、配淬、着色上漆、命名等八个步骤。

根雕作品

十一届三中全会以来，根艺也到了一个蓬勃发展的时期。而且已在全国各地发展了四十多个根艺团体。福建、浙江、安徽、江苏等省的根雕艺术厂家不断增加，根艺生产形成了一定的规模，根艺的创作水平更是达到一个新的顶峰。并且，它以其独具匠心、妙趣天成的艺术感染力，受到越来越多人的喜爱。

## ◆砖　雕

砖雕，是在青砖上雕刻出人物、山水、花卉等图案，是古建筑雕刻中很重要的一种艺术形式。主要用于装饰寺塔、墓室、房屋等建筑物的构件和墙面。

中国砖雕是由东周瓦当、空心砖和汉代画像砖发展而来的。汉代画像砖是墓室预制构件的大型空心砖，它是在湿的泥坯上用印模捺印各种图像。北宋时形成砖雕，成为墓室壁面的装饰品。在河南、山西、甘肃等地发掘的北宋墓室，三面墙壁均以砖雕贴砌而成。墓室内的砖雕数量、质量以及所选用的题材，都取决于墓室主人的社会地位。常见的题材有墓室主人夫妇对坐、男仆托盘、侍女执壶等，再现了墓室主人生前的生活情景。到了金代，墓室砖雕的内容更加丰富，技艺也

砖　雕

有所提高。

清代民间砖雕除江苏、安徽外，在山西、浙江、福建、广东、北京等地有了很大的发展，它们大多作为官吏、富豪、地主宅院的厅堂、大门、照壁、祠堂、戏台、山墙等建筑的装饰，雕刻精巧，有的陪衬以灰泥雕塑或镶嵌瓷片，争奇斗胜，富贵华丽。清代后期，砖雕趋向繁缛细巧，具有绘画的艺术趣味。

由于青砖在选料、成型、烧成等工序上质量要求较严，所以坚实而细腻，适宜雕刻。在艺术上，砖雕远近均可观赏，具有完整的效果；在题材上，砖雕以龙凤呈祥、和合二仙、刘海戏金蟾、三阳开泰、郭子仪作寿、麒麟送子、狮子滚绣球、松柏、兰花、竹、山茶、菊花、荷花、鲤鱼等寓意吉祥和人们所喜闻乐见的内容为主；在雕刻技法上，主要有阴刻（刻划轮廓，如同绘画中的勾勒）、压地隐起的浅浮雕、深

砖雕墙

浮雕、圆雕、镂雕、减地平雕（阴线刻划形象轮廓，并在形象轮廓以外的空地凿低铲平）等。民间砖雕从实用和观赏的角度出发，形象简练，风格浑厚，不盲目追求精巧和纤细，以保持建筑构件的坚固，能经受日晒和雨淋。

## ◆葫芦雕

山东省聊城市东昌府区位于黄河下游的鲁西平原。古老的马颊河在这里蜿蜒 30 多千米，充足的水源、独特的土壤、适宜的气候环境便于葫芦生长，在历史上这里就以盛产质量上乘的葫芦而闻名。东昌府的葫芦表面光洁、润滑，色泽优雅，肉质肥厚，非常适宜进行雕刻加工。

岁月匆匆，时光荏苒。现在，我们虽然已经无从考证东昌府种植、雕刻葫芦确切的起源，但至今民间仍流传着许多动人的传说。相传古代有一个擅长绘画和雕刻的宫廷艺人王和尚，年事已高告老还乡，其家乡即是今聊城市东昌府区闫寺街道办事处辖域一带，因当时闫寺一带盛产葫

葫芦雕刻

芦，于是王和尚便在葫芦上雕刻出精美的图案，用来蓄养自己喜爱的蝈蝈。后来，当地人纷纷效仿，葫芦雕刻便由此流传开来。

据当地文献记载，东昌葫芦雕刻在宋代时已经很流行。明清时期，东昌府濒临京杭大运河，是鲁西的政治、经济、文化枢纽，商贾云集，繁盛一时，当时的雕刻葫芦曾一度是运河两岸农家生产的重要商品，随运河商路远销全国各地。

东昌葫芦雕刻用料多以“大葫芦”“亚腰葫芦”“扁圆葫芦”为主，“大葫芦”用来雕刻人物和山水；“亚腰葫芦”多用来刻花、鸟、鱼、虫、走兽；“扁圆葫芦”一般染成红色后，刻上花纹或者镂空，用来装蝈蝈或者蛐蛐。

雕刻葫芦一般要经过选“胚子”、绘制、着色成品三个工序。秋熟下架后，品相端正、光滑无斑的葫芦为多数雕刻者所钟爱，当然，奇形怪状的葫芦也能找到自己的下家，以契合他们构图的需要。采摘下的葫芦经刮皮、醋洗、暴晒至表面颜色近于古董画纸张的土黄色后，“胚子”就算“出炉”了。葫芦不可长得太老才去采摘，否则皮质易于发皱，也不能太嫩，否则不利于雕刻线描。做雕刻的葫芦一定要陈年的，当年的葫芦往往外部干燥，内部却是潮湿的，不宜使用。

雕刻各种图案后，再用锅底灰或麦秸灰同棉油或豆油搅拌均匀（或加入色料），深抹在雕有图案的葫芦上，最后用布把葫芦表面的灰擦拭干净，留在图案凹槽里的油灰会使图案更加清晰逼真，久不褪色。

## ◆竹　雕

中国是世界上最早使用竹制品的国家，所以竹雕在中国也由来已久。竹雕也称竹刻，是在竹制的器物上雕刻多种装饰图案和文字，或用竹根雕刻成各种陈设摆件。竹雕成为一种艺术，自六朝始，直至唐代才逐渐为人们所认识和喜爱。竹雕发展到明清时期大盛，雕刻技艺的精湛超越了前代，在中国工艺美术史上独树一帜。

中国的竹雕艺术源远流长，竹雕早期通常是将宫室、人物、山水、花鸟等纹饰刻在器物之上。雕刻作品有的雕刻简练、古朴大方，有的精工细作、纹饰繁密，变幻无穷。雕刻的方法主要有阴线、阳刻、圆雕、

竹雕弥勒

透雕、深浅浮雕、高浮雕等。

明以前的竹雕作品，主要是日常生活用品、用具，其中也包括一些祭祀品。由于竹制品不易保存，流传至今的并不多见，以考古发掘的残器、残片居多。现存古代竹雕作品以明、清两代制品居多。这一时期，竹雕制品从日常生活用具逐渐发展为兼重实用性和艺术性的工艺品，其中还有一些纯艺术性的陈设品。明代器物构图简洁、饱满，线条道劲，技法上以深浮雕和透雕为主，刀工淳厚老到，整体浑厚古朴。品种以笔筒、香筒及人物陈设品为主。明清竹刻多镌作者名款、印章，这为收藏者鉴识提供了重要依据。真款刻写自然流畅，秀中有骨，刚而不板，无矫揉造作之感，作者艺术特征显著。伪款则线条呆滞，运刀乏力，与原作者风格不符，有的虽形似却无灵气。赝品多有仿造刻款，仿名家款识的比较常见。

清代前期尚有明代遗风，但表现技法更为多样，浅刻、浅浮雕、留青、圆雕等并行，品种扩大，除笔筒、香筒外，臂搁、竹根人物、动物与山石具备，制作精致工整，细巧秀雅，而像张希黄的留青山水楼阁、邓渭的浅刻小字行楷等，都是个人风格特征十分鲜明的作品。

## ◆牙角雕

牙角雕泛指兽牙、兽角的雕刻制品，收藏界特指象牙、犀牛角的雕刻品。象牙天生丽质，色泽洁白、柔和，雕成器物更是美轮美奂，充满艺术魅力。根据考古发现，在中国，牙角雕发端于史前时期。距今七千年左右的河姆渡文化遗址中，就有数十件象牙雕制品出土。商周时代牙角雕日渐繁荣，典型作品是商象牙雕夔鋬杯。到唐宋时期，从出土的牙角雕制品的雕制技巧和工艺看，此时的牙角雕已日臻成熟。明代牙角雕越来越流行，雕刻风格简洁圆润。典型作品有象牙雕人像、象牙雕岁寒三友笔筒、犀角雕仙人乘槎等。

竹木牙角雕

中国的牙角雕虽然起源很早，然而受牙角材料来源的限制，牙角雕刻品的数量远远不如字画、陶瓷、钱币等那样多，加之制作精美的牙角雕珍品历来为帝王贵族和有权势的达官显宦所垄断，被收藏在深宫秘室，一般的平民百姓根本不可能见到。尤其是犀角雕，仅仅在明清时代有过一时的繁荣，这在中国五千年文明史中犹如昙花一现。今天，除了流散在海外的部分，国内各地博物馆中收藏的犀角雕总数不多，而在博物馆中陈列展出的犀角雕更是凤毛麟角。

识别牙角雕，一要辨真伪，二要断年代，最好能判明作者。辨真伪是因为市场上有很多用野猪牙、海象牙乃至兽骨、人造象牙等冒充的象牙，用牦牛角冒充的犀角，以及用各种旧手法伪造的古董。就牙料来说，非洲象牙好于亚洲象牙，牙尖部位好于牙管，牙根最差。

象牙质地细腻，表面光泽柔和，色白或淡黄，平剖有平行的直线条纹，截断面有交叉人字或网状线纹，称为牙纹。犀角有黑褐、深棕、嫩黄色之分，纹理较粗，平剖可见一丝丝的条丝状纹，截断面有如鱼子般的极小的颗粒，称为粟纹。其他假冒品一般不完全具备这些特征，重量也不一样。人造象牙很像象牙，但纹路过于规则，而造旧品只能“旧”在表面。通过这些外观特点，基本可以辨别其材质的真伪。

## ◆玉雕艺术

中国玉器源远流长，已有七千年的辉煌历史。七千年前南方河姆渡文化的先民们，在选石制器过程中，有意识地把拣到的美石制成装饰品，打扮自己，美化生活，揭开了中国玉器文化的序幕。新石器时代晚期，玉器的制作已发展为独立的手工业部门。在河姆渡文化、大汶口文化、良渚文化、红山文化、龙山

玉 雕

玉 雕

文化的遗址中，均有精美的玉器出土。

玉，实际就是优质的石头，所以又称玉石。玉石的种类非常多，有白玉、黄玉、碧玉、翡翠及玛瑙、绿松石、芙蓉石等。玉石经加工雕琢成为精美的工艺品，称为玉雕。工艺师在制作过程中，根据不同玉料的天然颜色和自然形状，经过精心设计、反复琢磨，才能把玉石雕制成精美的工艺品。

古语说“玉不琢不成器”。任何一块好的玉石，都要经过人工雕琢，才能拥有新的价值和魅力。古代制玉技法源于制作石器。切、磋、琢、磨是制衣玉器所需的工艺程序。切，即解料，解玉要用无齿的锯加解玉砂，将玉料分开；磋，是用圆锯蘸砂浆修治；琢，是用钻、锥等工具雕琢花纹、钻孔；磨，是最后一道工序，用精细的木片、葫芦皮、牛皮蘸珍珠砂浆，加以抛光，玉器便发出凝脂状的光泽。这套制玉技术，在商代已为工匠们所掌握。现今的玉雕技法，大体还是采用切、磋、琢、磨四种方法。先秦称琢玉，宋人称碾玉，今称碾琢。

中国玉雕工艺源远流长，为世界所公认。原始社会阶段，我们的祖先用玉石制作成像镞、矛、刀、斧、铲等一类生产工具和各式各样的玉雕装饰品，如1973年发现的浙江余姚河姆渡新石器时代遗址，其中28件用玉料和莹石制作璜、管、珠一类的装饰品，距今已有7000年的历史。在奴隶社会，即商周时期，玉雕工艺又有了新的进展，琢磨精细，纹饰优美，并出现鱼、龟、鸟、兽面、兔、蚕等形象的玉雕佩饰。常见的纹饰有夔龙纹、蟠螭纹、云雷纹、窃曲纹、方格纹等，特别是当时玉雕阳文线条的出现，是技法处理上的一大飞跃。

## ◆泉州木偶

泉州木偶是一种民间工艺品，因产地为福建泉州而得名。系用樟木刻制头坯，经裱背，盖上胶土，磨光，再施以彩绘，配以服饰而成。泉州提线木偶形象结构完整，制作精美，尤其是木偶头的雕刻、粉彩工艺，独具匠心，巧夺天工，泉州木偶头轮廓清晰，线条洗练，继承了唐宋的雕刻、绘画风格。当代制作木偶头，在师承传统技艺基础上，更侧重于夸张与变形，尤为强调性格化和表现力，乃驰名中外的民间工艺珍品。

典型的花园派木偶头雕制要经过选材、粗坯（刻划出五官等）、精雕、裱纸、磨光、补隙、刷泥、上粉、开脸（绘脸谱）、盖蜡等十几道工序。男的木偶角色或是采用真发，或是直接用樟木刻成发髻，有的还要植须，就是加上胡子。胡子的颜色有四种，黑色、红色、灰色、白色，胡子的式样有长的、短的、八字胡等，根据不同的角色搭配。女旦头都是采用真发做发髻。

泉州提线木偶

泉州木偶分为提线木偶（头像较大，用于表演“傀儡戏”）和掌中木偶（头像较小，用于表演“布袋戏”）二种，表现者以提线的方法或以手指拨弄，使木偶栩栩如生。

知识百花园

## 非洲木雕

木雕是非洲雕刻的主要载体，它的地位如石雕于欧洲，如陶瓷于中国。非洲的雕刻艺术曾在无数人的心中激荡并引起美的思索。毕加索曾毫不客气地说，世界上真正的艺术在中国和非洲，而西方根本没

非洲木雕

有艺术可言。非洲的雕刻并不刻意追求形象的逼真，而是注重整体写意的手法。脸上的两只眼睛无非是随意戳上的小洞，嘴似不经意拉出的一条开口，鼻子则概括成简略的几何形，身上的造型只取其势去其形，头饰与耳朵的夸张似乎是人神之间的一种意境。据说毕加索的立体画风格就是得到了非洲几何形状面具的启发。这类大写意的手法，不求外形的逼真，不重细节的刻划，从局部看，显得十分随意简单；从整体看，却透露出一种活泼鲜跳的内在生命。

木雕一般由整块的树干雕刻而成，很少有拼接的作品。斧子、扁斧、凿子和锤子等是主要的工具，完成的作品一般通过烧烤或者用木灰着色，色彩则来自植物和矿物质。由于非洲木雕多用未完全干燥的木头雕刻（据说是为保全它的灵魂），因此收藏非洲木雕时要格外注意保养，防止裂缝出现。

# 刺绣织物类

CI XIU ZHI WU LEI

## ◆刺　绣

刺绣，古称针绣，是用绣针引彩线，按设计的花纹在纺织品上运针，以绣迹构成花纹图案的一种工艺。古代称“黹”“针黹”。因刺绣多为妇女所作，故又名“女红”。刺绣是中国古老的手工技艺之一，已经有2000多年的历史了。

中国的刺绣究竟源于哪个朝代？由于刺绣作品不易保存，因此很难说清这个问题。我们现在所能见到的最早的刺绣恐怕要算殷商和西周的了，从出土的那个时期的文物来看，粘附在泥土上的丝织物的纹路和刺绣的花纹依稀可见。特别是在1982年从湖北江陵马山一号楚墓中出土的绣衾（被）和禅（单）衣，上面绣着龙、凤、虎和花卉等图案，形神兼备，绮丽多变。这些文物证明了刺绣在中国经过较长时

刺　绣

苏绣作品

间的发展，已经形成了较高的工艺水平和独特的工艺门类。

战国时期的刺绣已经很精美了，这时期的刺绣用的都是辫子绣针法，也称辫子绣、锁绣。湖北江陵马山硅厂一号战国楚墓出土的绣品，有对凤、对龙纹绣，飞凤纹绣，龙凤虎纹绣禅衣等，都是用辫子股施绣而成，并且不加画填彩，这标志此时的刺绣工艺已发展到成熟阶段。这些绣品在图案的结构上非常严谨，有明确的几何布局，大量运用了花草纹、鸟纹、龙纹、兽纹，并且浪漫地将动植物形象结合在一起，手法上写实与抽象并用，穿插蟠叠，刺绣形象细长清晰，留白较多，体现了春秋战国时期刺绣纹样的重要特征。

刺绣是中国优秀的民族传统工艺之一。刺绣与养蚕、缫丝分不开，所以刺绣又称丝绣。中国是世界上发现与使用蚕丝最早的国家，人们在四五千年前就已经开始养蚕、缫丝了。随着蚕丝的使用，丝织品产生与发展起来，刺绣工艺也逐渐兴起。据《尚书》记载，在四千前的章服制度中就规定“衣画而裳绣”。宋代崇尚刺绣服装，并逐渐在民间广泛流行，这也促使了中国丝绣工艺的发展。

如今，中国的刺绣工艺几乎遍布全国，苏州的苏绣、湖南的湘绣、四川的蜀绣、广东的粤绣各具特色，被誉为中国的四大名绣。发展到今天，刺绣艺术品工艺精细复杂。近两年国内的一些艺术品拍卖会上，刺绣拍品的价格竞相攀高，非常吸引买家竞争。

## ◆花瑶挑花

花瑶挑花是湖南省隆回县瑶族女子中流传的一种独特的手工艺，隆回瑶族因女子筒裙上装饰有艳丽的挑花而被人称为“花瑶”。花瑶挑花美轮美奂，是中国传统文化的瑰宝，是民间工艺美术的精品。

花瑶挑花历史悠久，源远流长。汉代以前，花瑶挑花就已兴起。据东汉应劭《风俗通义》记载，花瑶祖先“积绩木皮，染以草实，好

花瑶挑花

花瑶挑花

五色衣服”。唐代魏徵在《隋书》中记载：“长沙郡杂有夷蜒，名曰莫瑶……其女子蓝布衫，斑布裙，通无鞋履。”这种描述与今天隆回花瑶女子的服饰正好相同：交缠五彩斑斓的挑花头巾，上着蓝色圆领衣，腰系挑花彩带，下穿彩色挑花筒裙，腿扎挑花绑带。在她们的头巾、衣领、裙口、绑腿、小孩背带和筒裙等地方都是挑花。除筒裙后片以外，其他地方一般是彩绣。筒裙后片则是在藏青色的直纹面布上用白线挑出各种图案。由于筒裙后片面积较大，一般长 100 厘米左右，高 50~60 厘米，故其挑花图案题材最丰富，主题最突出，反映的文化意识也最鲜明，是隆回花瑶挑花中的精华。

花瑶没有文字，挑花便成为记载该民族历史文化的重要载体，具有深厚的文化内涵，被中国美术馆、民族博物馆列为珍品收藏，中国著名文学家沈从文先生称其为“世界第一流的挑花”。1994 年，花瑶挑花在文化部举办的“中国民间艺术一绝大展”中获得铜奖。2003 年又获“中国首届文物仿制品暨民间工艺品大展”金奖，隆回县虎形山瑶族乡因此被湖南省文化厅命名为“文化艺术之乡”。

花瑶挑花取材广泛，内容丰富，形态多样，有上千种之多。主体图案的题材可分为四类：一是动物类，以蛇、龙、鸟、鹰、虎、狮最为常见；二是植物类，以花草树木为主；三是历史故事和历史人物类，主要表现瑶族先祖抵御外族侵略的历史故事；四是日常生活类，如反映花瑶传统习俗的“对歌定情”“打蹈成婚”等。

花瑶挑花工艺非常精致，挑花时行针的长短、用线的松紧，均需一致。繁密处针针相套，不现底色，简练处仅一支花、几条线。在主体图案两边，配以用红、黄、绿等七彩丝线挑绣的彩色花饰。整件挑花画面黑白分明，疏密有致，动静相济，色彩对比鲜明，“远看颜色近看花”，具有强烈的视觉冲击力。

花瑶挑花在工艺上独具一格。与机绣、湘绣截然不同，不用描绘设计，也不用模具做刺绣架，全凭挑花女灵巧的双手和娴熟的技巧，以自己心中的构图和对美的理解，循土布的经纬线进行徒手操作。花瑶姑娘从七八岁起就在长辈的口传身授下学习挑花，需几年功夫才能掌握基本的挑花技艺。每位姑娘将绣品针线随身携带，利用劳动的间歇时间进行挑花，吊脚楼前，溪边石上，古树林里，到处都可以见到成群结队的挑花姑娘们。有人曾统计过，一件筒裙挑花约有 30 多万针，累计需 180 多个工日才能完成。

## ◆中国结

中国结是中国特有的民间手工编结装饰品，经过几千年的演变，

中国结

现已成为广大群众喜爱的精致华美的艺术品。中国结由旧石器时代的缝衣打结，推展至汉朝的仪礼记事，再演变成今日的装饰手艺。周朝人随身佩戴的玉常以中国结为装饰，而战国时代铜器上也有中国结的图案，延续至清朝才是中国结真正流传于民间艺术的时候，当时多用来做室内装饰品、亲友间的馈赠礼物及个人的随身饰物。

中国结最大的特点是每个结从头到尾都是用一根数尺见长的彩绳通过绾、结、穿、缠、绕、编、抽等多种工艺技巧，严格地按照一定的章法循环有致、连绵不断地编制而成。形式多为上下一致、左右对称、正反相同、首尾可以互相衔接的完整造型。每个结都有它的编造规律，每个结又都根据其形、意而命名，如果把不同的结相互结合，再与其他的吉祥

福

饰物搭配起来，便形成了造型独特、绚丽多彩、内涵丰富的中国传统吉祥装饰品。不同造型的组合表达强烈浓郁的美好祝福，赞颂与传达衷心至诚的祈祷和美好心愿，每个结都体现着中国人的聪明才智，愿中国的民族文化艺术发扬光大走向世界。

中国结如其他中国艺术般多利用形态、谐音而取其意，如用“吉字结”“馨结”“鱼结”结合就成为“吉庆有余”的结饰品，以“蝙蝠结”加上“金钱结”，可组成“福在眼前”等。以此类推又延出了“长寿安康”“财物丰盛”“团圆美满”“幸福吉祥”“喜庆欢乐”等祈福的内涵，被作为民间祝祷的符号，成为世代相传的吉祥饰物。

## ◆千层底

千层底即千层底布鞋，因鞋底用白布袼成袼褙，多层叠起纳制而成，取其形象得名。其面料为礼服呢等上等材料，配以漂白布里制成鞋帮，经绱作成鞋。成品穿着舒适，轻便防滑，冬季保暖，夏季透气吸汗。

据考证，手工千层底布鞋在中国已经有3000多年的历史。中国最早的千层底布鞋始于周代，从山西省侯马市出土的3000多年前周代武士跪像的鞋底上，明显可见一行行规整的线迹，与现在的纳底布鞋完全一致，它表明3000多年前的周代，纳底布鞋已经被使用。纳底布鞋发展到清代，

千层底布鞋

进入了全盛时期，造就出驰名中外的“千层底”，无论是造型、材料和技艺方面都有了较大发展。柔软舒适、透气吸湿的手工千层底布鞋历经3000多年，仍为后人所享用，充分说明其具有强大生命力。

千层底布鞋的做工复杂，工序繁缛，技艺高深，难度大，耗时长，而且工艺要求严格，每双鞋的制作都要经过剪裁底样、填制千层底、纳底切底边、剪裁鞋帮、绱鞋、楦鞋、子修抹边、检验等近百道工序，制作一双鞋往往要花上四五天的工夫。手工纳底要求每平方寸纳81针以上，一双鞋至少2100多针，并且麻绳粗、针眼细，加工时得用手勒紧，针码还得分布均匀。手工绱鞋时，则要求必须紧绷楦型，平整服贴。绱鞋的针码更得间距齐整，鞋帮与鞋底的结合要严合饱满。

现代流行的千层底布鞋与传统样式已大有不同，无论在款式上还是颜色面料上都更符合现代人的审美及回归大自然的要求。首先，品种多样，不仅有传统的手工千层底布鞋，还有工艺、牛仔、体操、芭蕾、时装、网花、绣花等布鞋，适应了现代人求新、求美的心理；其次，不再是一色“黑”，而是五彩缤纷、多彩多姿，如白、蓝、粉红、玫瑰红等，并运用朵花、碎花、暗花、绣花、格花等装饰，可与时装搭配。

## ◆宋　锦

宋锦起源于宋代，发源地在中国的苏州，故又称为“苏州宋锦”。宋锦历史悠久，可追溯至隋唐，它是在隋唐的织锦基础上发展起来的。宋高宗为了满足当时宫廷服饰及书画装裱的需求大

宋锦

力推广宋锦，并专门在苏州设立了宋锦织造署。宋锦是指具有宋代织锦风格、用彩纬显色的纬锦，它具有独特的风格。在纹样组织上，精密细致，质地坚柔，平服挺括；在图案花纹上，对称严谨而有变化，丰富而又流畅生动；在色彩运用上，艳而不火，繁而不乱，富有明丽古雅的韵味。苏州宋锦与南京云锦、成都蜀锦并列为中国三大名锦。

宋锦属于织锦类工艺品，工艺复杂，品种繁多。主要分匣锦、大锦及小锦三类。大锦是宋锦中最具有代表意义的一种，它的质地厚重，图案精美，多使用金银线编织，作品美观大气，适合于制作各类书画装饰品。小锦质地柔软而坚固，一般使用天然蚕丝制作而成。用小锦来制作服饰，高贵典雅尽显身份，在近代非常盛行。而匣锦则更多用于制作一些仿古的作品，如仿古的屏风、名人的书画等，高档场合也可以匣锦点缀来突出古典的氛围。

## ◆云　锦

南京云锦是南京传统的提花丝织工艺品，是南京工艺“三宝”之首。南京云锦配色多达十八种，运用“色晕”层层堆出主花，富丽典雅，质地坚实，花纹浑厚优美，色彩浓艳庄重，大量使用金线，形成金碧辉煌的独特风格。由于用料考究，织工精细，图案色彩典雅富丽，宛如天上彩云般的瑰丽，故称“云锦”。现代只有南京生产，故常称为“南京云锦”。至今已有1580年历史。

在古代丝织物中，锦是代表最高技术水平的织物。“锦”字，是“金”字和“帛”字的组合，《释名·采帛》：“锦，金也。作之用功重，其价如金。故惟尊者得服。”这是说，锦是豪华贵重的丝帛，在古代只有达官贵人才能穿得起。

南京云锦的产生和发展与南京的城市历史密切相关。南京丝织

南京云锦

云锦做的靠垫

业最早可追溯到三国东吴时期，东晋末年（420年），大将刘裕北伐，灭秦后，将长安的百工全部迁到建康（今南京），其中织锦工匠占很大比例。后秦百工中的织锦工匠继承了两汉、曹魏、西晋和十六国前期少数民族的织锦技艺。417年东晋在建康设立专门管理织锦的官署——锦署，被看作是南京云锦正式诞生的标志。从元代开始，云锦一直是皇家服饰专用品。明朝时织锦工艺日臻成熟和完善，并形成南京丝织提花锦缎的地方特色。清代在南京设有“江宁织造署”，《红楼梦》作者曹雪芹的祖父曹寅就曾任江宁织造20年之久。这一时期的云锦品种繁多，图案庄重，色彩绚丽，代表了历史上南京云锦织造工艺的最高水平。

南京云锦技艺精绝，文化艺术蕴义博大精深，色彩艳丽，晕色和谐，民族纹样，奇异变幻，自然天成。它具有鲜明的中国吉祥文化的深厚底蕴。云锦的纹样图案表达了中国吉祥文化的核心主题的设计思想是：“权、福、禄、寿、喜、财”六字要素，表达了人们祈求幸福与热情向往。南京云锦纹样服饰不但具有珍稀、昂贵的历史文物价值，也是雅俗共赏、典藏吉祥如意的民族文化象征。如今生产的云锦除出口做高档服装面料及供少数民族服饰和演出服饰外，又发展了新的花色品种，如云锦台毯、靠垫、被面、提包、马夹、领带、挂屏等日用工艺品。

## ◆竹 编

竹编工艺品分为细丝竹编工艺品和粗丝竹编工艺品，主要产地在四川。新石器时期的良渚文化遗物中，已经出现竹编器具，如民间竹编凉席、凉枕、扇、箩、筐、篮、箕畚等生活日用品。中国南方地区则逐渐形成富于地方特点的竹编用具和手工艺品，如安徽的舒席、四川的竹丝扇和瓷胎竹编等。

竹编椅

瓷胎竹编工艺品是成都地区的地方独特手工艺品，起源于清代中叶，当时主要用作贡品。由于世道艰辛，技艺几经绝传，五十年代经重新发掘，才又恢复生产。

瓷胎竹编工艺使用的竹材是来自成都地区经过严格挑选的特长无节瓷竹，经过破竹、烤色、去节、分层、定色、刮平、划丝、抽匀等十几道工序，全是手工操作，制作出精细的竹丝。瓷胎竹编所用竹丝断面全为矩形，在厚薄粗细上都有严格要求，厚度仅为一两根头发丝厚，宽度也只有四五根发丝宽，根根竹丝都通过匀刀，达到厚薄均匀、粗细一致，观者无不赞叹其难。瓷胎竹编在制作过程中全凭双手和一把刀进行手工编织，让根根竹丝依胎成形，紧贴瓷面，所有接头之处都做到藏而不露，宛如天然生成、浑然一体。

## ◆氆 氇

氆氇（pǔ lu）是藏语音译，为藏族人民手工生产的一种毛织品，可以做衣服、床毯等，举行仪礼时也作为礼物赠人。氆氇产生于公元7世纪吐蕃时期的“拂庐”。明朝汤显祖《邯郸记·大捷》中记载：“氆氇登台，绣帽猩蛮带，与中华斗将材。”

氆氇实为手工织成的毛呢，也叫藏毛呢。氆氇是加工藏装、藏靴、金花帽的主要材料，相传有2000多年的历史，它在藏族人们日常生活中所占的地位如内地的棉布一样重要而普及。氆氇为藏族人民以手工制作，细密平整，质软光滑，作为衣料或装饰的优质毛纺织品，是以西宁羊毛为原料，经纺纱、染色、织造、整理等工序制成。

将羊毛用纺锤捻成线，借助简单纺架手工操作，一个技术熟练的妇女用此方法一天可织近3米氆氇，也可以将羊毛用纺车纺成线，再用

氆氇

梯形木结构织机纺织。织氆氇用的是老式木梭织机，织好以后是白色的，宽 24 厘米左右，可以制作男式服装。但一般都要染成黑色，也有染成红、绿等色彩的。因氆氇是羊毛织品，结实耐用，保暖性好，所以深受广大群众喜爱。

氆氇用于制作衣服和坐垫，有粗细不同的 10 多个品种，手工生产一般用纺锤捻线，织机织造，宽约 40 厘米。毛线用茜草、大黄、荞麦和核桃皮等做染料，可染成赭红、黄、绿等颜色。传统品种有加翠氆氇、毛花氆氇、棉纱氆氇等。加翠氆氇厚度很像大衣呢，斜纹编织，每匹有紫红、枣红、深红、草绿等颜色；幅宽约 27 厘米，匹长 18 米左右，正好可缝制一件藏袍。

毛花氆氇为横条织物，花型大约 20 种，每种由 7~11 个颜色组成。它的色彩鲜艳，手感良好，质地厚实，平整挺括，经久耐磨，一般用于衬衫的镶边或做藏靴的靴腰。镶边时，根据需要裁为条状，缝于大襟、下摆一周。其花型分十样锦与十字花两种。十样锦又叫条花或邦丹，就是用彩色纬纱，织成红、绿、黄、紫、蓝、白等不同颜色、宽度相等或不等的彩条，每幅图案用 8 个左右颜色排列对称循环。十字花又叫挡子花，就是在十样锦彩条基础上，于每个循环间以 5 厘米左右的白色或黄色彩条格隔开，格内印以 4 枚或 5 枚红蓝或红紫色十字做点缀。

棉纱氆氇的颜色、规格及用途与毛花氆氇相同，但价格便宜，适于制作低档衣料镶边之用。氆氇曾是西藏主要贡品，以扎朗、浪卡子、江孜、芒康等地生产的最为著名。

## ◆香　包

香包，古称香囊，亦称佩帏、容臭。其制作和佩戴史至少可以上溯到战国时期，屈原《离骚》中有“扈江蓠与辟芷兮，纫秋兰以为佩”。江蓠、辟芷、秋兰均为香草。纫，乃连缀之意。佩即佩帏，在这里既指香包，也含佩带之意。全句的意思是把装满香草的佩帏带在身上。这说明香包早在屈原所处的战国时代就已经是一种饰物了。

汉代《礼记》有云：“男女未冠笄者……衿缨皆佩容臭”。容臭即香包，秦汉时期未成年的男女都是佩戴香包的。到了唐宋时期，香囊逐渐成为仕女、美人的专用品。而男官吏们则开始佩戴荷包了。有的官吏上朝时干脆把荷包缀于朝服之上。当然，那时的荷包与

庆阳香包

香 包

香包不完全一样，香包里主要装的是香草，而荷包主要是“盛手巾细物”的。这与华池县双塔寺出土的手包型“千岁香包”比较吻合。至清代，香囊已成为爱情的信物了。《红楼梦》第十七回宝玉与黛玉之间的一次“闹别扭”便是由送荷包引发的。而历史演化到近代，香包则多半用于民间端午节的赠品，主要功能是求吉祈福，驱恶避邪。

从中国民间现存清代以来的香包看，大多数以花卉和动物为主图，以隐喻象征等手法表达各种情感寄托和美好向往。比如用双鱼、双蝶、蛟龙等象征两性相爱、交合、生育；用莲花、荷花、牡丹、梅花等喻意女性；用登梅的喜鹊、采花的蜜蜂隐喻男性；松、鹤象征长寿；石榴象征多子。而利用汉字的谐音做比喻者更是随处可见，送给新婚夫妇的“早生贵子”（枣儿、花生、桂圆、莲子组合图案），送给长寿老人的“耄耋童趣”（以猫和蝴蝶戏牡丹组合图案，喻意老年生活非常有情趣），送给小孩的“福寿娃娃”（以憨态十足的娃娃为主体，周围环绕蝙蝠、桃子组图，寓意此子今生多福多寿）。

翻开这一层层厚重的文化积淀，面对这一幅幅多彩的生活画卷，展示在我们面前的是古朴而又拙巧、原始而又鲜活的艺术瑰宝。其实，这才是揭示人性欲望的艺术，表达思想信仰的艺术，展示生命活力的艺术，可以说是真正的民族文化、民俗文化、大众文化、人性文化。香包不是一只单纯的绣品，让我们站在历史和现代的大背景下，重新审视香包的制作历史、文化内涵和艺术价值。

## 高陵扎花

高陵县在四五千年前已有人类活动，2300多年前秦孝公即在此置县，是一个在民风民俗方面最典型的陕西关中传统县。高陵人称刺绣为扎花，高陵扎花是一种刺绣和布艺相结合的独特的工艺形式，作为中国最古老的县之一，其扎花发生、发展的历史理应与中国刺绣的发展历史同步，但因为其制品的不易保存性和没有足够的文献或其他依据而不能妄下断语。因此，只能从研究高陵扎花现存的实物外形、内涵来断定其发展的历史。如扎花制品十二生肖鞋之鼠鞋上的“老鼠吃葡萄，多子多福图”，最早可溯源到西汉。

民国时期，高陵扎花艺人遍布全县各乡镇，扎花题材很广，主要有老鼠吃葡萄、鱼戏莲、独占鳌头、喜鹊登门等；品种也比较多，有虎头鞋、裹肚、衣裳之类。“文革”时期，扎花作为破四旧的对象遭到批判，扎花艺人受到打击，“文革”后，一些杰出老艺人相继过世，现在世老艺人已很少，艺人传承方面出现青黄不接的现象。另外，由于社会处于传统社会向现代社会的过渡时期，一些扎花品种如信插、钱包、烟袋等实物已快走出人们的生活范围。

# 陶瓷器皿类

TAO CI QI MIN LEI

## ◆紫砂壶

饮茶习惯在中国有着悠久的历史，古代文人雅士平时经常聚集在一起，且鼎且缶，以啜以饮，可获得无穷的情趣。据汉代《华阳国志》、司马相如《凡将篇》和杨雄的《方言》等书中记载，武王伐纣时就出现将茶作为贡品，西汉时已有买茶、烹茶、饮茶的事。宋代大诗人王安石曾有“人固不可一日无茶饮”之语。从这些方面可见饮茶在古代人们生活中占有很重要的地位。

紫砂壶是中国特有的，集诗词、绘画、雕刻、手工制造于一体的陶土工艺品，也是自古以来最理想的饮茶器具。唐代以前，茶器与食

紫砂壶

器不分。随着饮茶风气的普及，茶器日趋工巧，唐代末年出现了最理想的茶壶——紫砂壶，它以紫砂泥为原料，经艺人精心制作，其壶颜色紫红，质地细柔，造型古朴，泽地典雅，贵如鼎彝。宋代的紫砂壶已在文人中广为使用，大诗人欧阳修曾作诗云："喜共紫瓯吟且酌，羡君潇洒有余情。"诗中的"紫瓯"即紫砂壶。宋代后期到明代，宜兴的紫砂器生产迅速崛起，很快成为全国的紫砂器生产中心，在以后的数百年中，宜兴始终引领中国紫砂壶制作风骚，直至今日。

紫砂壶

烧制紫砂壶的原料为泥土，紫砂壶泥分为三种：紫泥、绿泥和红泥，俗称"富贵土"。可以烧制紫砂壶的泥一般深藏于岩石层下且分布于甲泥的泥层之间，泥层厚度从几十厘米至一米不等。紫砂黄泥属高岭—石英—云母类型，含铁量很高，最高含铁量达8.83%。紫砂壶在高氧高温状况下烧制而成，一般采用平焰火接触，烧制温度在1100℃~1200℃之间。

紫砂茶具，造型简练、大方，色泽淳朴、古雅。用其泡茶，使用的年代越久，壶身色泽就愈加光润古雅，泡出来的茶汤也就越醇郁芳馨，甚至在空壶里注入沸水都会有一股清淡的茶香。根据科学分析，紫砂壶确实有保有茶汤原味的功能，它能吸收茶汁，而且具有耐冷耐热的特性。

## ◆陶　瓷

早在欧洲人掌握瓷器制造技术前一千多年，中国人就已经制造出了很精美的陶瓷器。中国是世界上最早应用陶器的国家之一，而中国瓷器也因其极高的实用性和艺术性而备受世人的推崇。

陶器和瓷器（陶瓷）有日用、艺术、和建筑陶器三种。考古发现中国人早在新石器时代就发明了陶器。原始社会晚期出现的农业生产使中国人的祖先过上了比较稳定的生活，客观上对陶器有了需求。人们为了使生活方便，提高生活质量，通过烧制粘土制出了陶器。

陶　器

到了西汉时期，上釉陶器工艺开始广泛流传起来。多种色彩的釉料也在汉代开始出现。有一种盛行于唐代的陶器，以黄、褐、绿为基本釉色，后来人们习惯地把这类陶器称为“唐三彩”。唐三彩是一种低温釉陶器，在色釉中加入不同的金属氧化物，经过焙

宋定窑白釉刻花梅瓶

烧，便形成浅黄、赭黄、浅绿、深绿、天蓝、褐红、茄紫等多种色彩，但多以黄、褐、绿三色为主。唐三彩的出现标志着陶器的种类和色彩已经开始变得更加丰富多彩。

中国白釉瓷器萌发于南北朝，到了隋朝，已经发展到成熟阶段，至唐代，更有新的发展。瓷器烧成温度达到1200℃，瓷的白度也达到了70%以上，已接近现代高级细瓷的标准。这一成就为釉下彩和釉上彩瓷器的发展打下基础。

宋代瓷器，在胎质、釉料和制作技术等方面又有了新的提高，烧瓷技术达到完全成熟的程度。在工艺技术上也有了明确的分工，是中国瓷器发展史的一个重要阶段。宋代闻名中外的名窑很多，如耀州窑、磁州窑、景德镇窑、龙泉窑、越窑、建窑以及被称为宋代五大名窑的汝窑、官窑、哥窑、钧窑、定窑等，其产品都有它们自己独特的风格。

中国古代陶瓷器釉彩的发展，是从无釉到有釉，又由单色釉到多色釉，然后再由釉下彩到釉上彩，并逐步发展成釉下与釉上合绘的五彩、斗彩。

## ◆青花瓷器

元代是中国青花瓷器烧造工艺发展历史上的重要时期。这一时期在前代釉下彩等工艺的基础上逐步确立、完善了青花瓷器的烧造技术，并形成了自身的独特风格。到明清时期，青花瓷器已经发展成为中国瓷器中的主要产品。

元代青花瓷器在造型方面具有胎骨厚重、形制巨大的特点。常见的器形有大瓶、大罐、大碗、大盘等，这种造型继承了唐宋的传统风格。由于当时的旋削技术较差，器身上常有两道接口，一般大罐内也多有旋纹。元代青花瓷器的胎质，在淘洗技术上不如明清时期细致，在砂底上可以看出有砂眼、刷痕等污迹，底足和缩釉处常呈现出一种火石红斑。元代青花瓷器的釉层一般比明清时期略厚，白釉底子的闪青程度也较明清为重，可能是当时施釉较厚和釉料中含铁量较多的缘故。

青花瓷

在制作工艺上，元代青花瓷器的足部上下多有竹节状凸起的弦纹，器身与器足的接合部位多采用胎接方式。在装饰上，元代青花瓷

景德镇茶具

器一般多装饰莲瓣纹，器物肩部绘有垂云纹，中间主题部分填以各种花卉，纹饰繁密，层次较多。这种繁密饰纹的手法，不仅表现在青花瓷器上，也表现在元代织锦和石雕工艺上，成为当时的独特风格。

元代青花瓷器的主要产地是中国中部江西省的景德镇。此外在中国东部的浙江省和西南部的云南省，也有烧造青花瓷器的瓷窑。

## ◆景泰蓝

景泰蓝又叫铜掐丝珐琅，是一种瓷铜结合的独特工艺。制作景泰蓝先要用紫铜制胎，再用扁细的铜丝在铜胎上粘出图案花纹，然后用色彩不同的珐琅釉料镶嵌填充在图案中。这道工序完成后才是反复烧结，磨光镀金。可以说，景泰蓝的制作工艺既运用了青铜工艺，又利用了瓷器工艺，同时又大量引进了传统绘画和雕刻技艺，堪称中国传统工艺的集大成者。

景泰蓝梅瓶（一对）

北京是景泰蓝技术的发源地，现存最早的景泰蓝是元代的产品，由此可见已有近千年的历史。最初的景泰蓝多为仿古青铜器皿，尤以明朝宣德年间出产的最为精致。到明朝景泰年间，工艺家们找到了一种深蓝色的蓝釉材料，用这种材料制作的工艺品端庄富丽，沉着大方。这就是今天还依然在使用的“景泰蓝”。从那以后在着色上似乎没有重大突破，但在铜质材料上却进展迅速——清代乾隆年间采用延伸性更好的纯铜作原料，这时，景泰蓝工艺终于达到顶峰。

景泰蓝的制作工序分制胎、掐丝、点蓝、烧蓝、磨光、镀金等，其中最为复杂细致的工艺就是掐丝和点蓝的技术。品种有瓶、碗、盘、烟具、台灯、糖罐、奖杯等。景泰蓝工艺的艺术特点可用形、纹、色、光四字来概括。一件精美的景泰蓝器物，首先要有良好的造型，这取决于制胎；还要有优美的装饰纹样，这取决于掐丝；华丽的色彩取决于釉料的配制，辉煌的光泽完成于打磨和镀金。因此，可以说景泰蓝是具备了中国传统工艺中造型、色彩、装饰为一体的一种特殊工艺品。

## ◆唐三彩

唐代是中国封建社会的鼎盛时期，经济上繁荣兴盛，文化艺术上群芳争艳，唐三彩就是这一时期产生的一种独特的彩陶工艺品，它以造型生动逼真、色泽艳丽和富有生活气息而著称。唐三彩的生产已有1300多年的历史了，它吸取了中国国画、雕塑等工艺美术的特点，采用堆贴、刻画等形式的装饰图案，线条粗犷有力，是一种具有中国独特风格的传统工艺品。陶坯上涂的彩釉，在烘制过程中发生化学变化，自然垂流，相互渗化，色彩自然协调，花纹流畅。

唐三彩的制作工艺十分复杂。首先要将开采来的矿土经过挑选、舂捣、淘洗、沉淀、晾干后，用模具作成胎入窑烧制。唐三彩的烧制采用的是二次烧成法。从原料上来看，它的胎体是用白色的粘土制成，在窑内经过1000℃~1100℃的素烧，将焙烧过的素胎经过冷却，施以配制好的各种釉料再入窑釉烧，其烧成温度为850℃~950℃。在釉色上，利用各种氧化金属为呈色剂，经煅烧后呈现出各种色彩。

唐三彩马

釉烧出来以后，有的人物需要再开脸，所谓的开脸就

唐三彩

是人物的头部是不上釉的，它要经过画眉、点唇、画头发这一过程。这样一来，一件唐三彩的产品就算完成了。

## ◆漆　器

用漆涂在各种器物的表面上所制成的日常器具及工艺品、美术品等，一般称为“漆器”。生漆是从漆树割取的天然液汁，主要由漆酚、漆酶、树胶质及水分构成，用作涂料有耐潮、耐高温、耐腐蚀等特殊功能，又可以配制出不同色漆，光彩照人。在中国，从新石器时代起就认识了漆的性能并用以制器。漆器是中国古代在化学工艺及工艺美术方面的重要发明，中国的戗金、描金等工艺品对日本等地也产生了深远影响。

漆器的历史悠久，据有关资料记载，早在4200多年前的夏禹时代已有使用，战国时期更加发达。在汉代，漆器被作为日用器具，日渐普遍。唐代的漆器实物制作也有明显的发展。宋、元、明朝之后，直至明清，中国的漆器工艺不断发展，达到了相当高的水平。

中国是世界上最早用漆的国家。在古代种植漆树相当普遍，战国大哲学家庄子就曾担任过管理漆园的官职。早期漆器一般在简单木、竹胎上髹涂，既可防腐，也可用于装饰。随着漆工艺的发展，逐步出现在各种器物上彩绘、描金、戗金、填漆等，或在器胎上髹漆至一定厚度，再在上面雕刻图案的作法，还有的在漆器上镶嵌金、银、铜、螺钿、玉牙及宝石以组成华丽的花纹，千变万化。唐代的金银平脱、宋代的一色漆器、元代的雕漆、明代的百宝嵌、清代的脱胎漆器等，

漆　器

都是各代有代表性的特色名品。

中国漆器工艺是古老华夏文化宝库中一颗璀璨夺目的明珠。漆器是中国古代在化学工艺及工艺美术方面的重要发明。漆器的制作工艺相当复杂，首先须制作胎体。胎为木制，偶尔也用陶瓷、铜或其他材料，也有用固化的漆直接刻制而不用胎。胎体完成后，漆器艺人运用多种技法对表面进行装饰。漆器的主要特点是可以抛光到可与瓷器相媲美。漆层在潮湿条件下干燥、固化后非常坚硬，有耐酸、耐碱、耐磨的特性。像陶瓷、丝绸一样，中国漆器是民族文化的瑰宝。

## 金银错

金银错是中国青铜时代的一项精细工艺，但它出现比较晚，据目前掌握的资料来看，它是青铜工艺发展了一千多年以后，即到春秋中晚期才兴盛起来的。它是中国古代科学技术发展到一定阶段的产物，但它一出现，很快就受到了人们的普遍欢迎。战国两汉时期，金银错青铜器大量出现，在人们生活的各个领域中广泛流行，考古发现战国、汉代的金银错青铜器以千百计。但是，“夕阳无限好，只是近黄昏”，对于中国的青铜时代来说，它只不过是一抹绚丽的晚霞。

金银错凤鸟钩

金银错工艺最早见于商周时代的青铜

器，主要用于各种器皿、车马器具及兵器等实用器物上的装饰图案中。其表现手法为在器物表面上绘出精美图案，依图案之形錾出槽沟。将纯金或纯银拉成细丝或压成薄片嵌入图案中，然后打磨平整，抛光磨亮。使器物所表现的图案形成强烈的色泽差别和耀眼的金属光泽，显得更为突出、雍容华贵、绚丽多彩。

战国青铜戈金银错纹饰

涂画法是汉代金银错的主要装饰手法，这从汉人对“错”字的解释：“错，金涂也。”就可以看出来。在现存的战国、秦汉金银错青铜器中，多数是用这种“金银涂”方法制成的。我们发现，许多被考古和文物专家称颂的一些精美金银错青铜器，它的金银错纹饰脱落处，没有任何凹痕，一眼就可看出，其金银错纹饰不是嵌上去的，而是涂上去的。

金银错

# 第二章

# 绘画艺术

民间绘画艺术是千百年来民众创造并享受的一种文化，是民众智慧的创造，是民间文化的重要组成部分，是大众的、生活的、民俗的艺术。（民间绘画作品泛指由民间艺人劳动者自己而非专业美术工作者）创作并广为流传的美术作品，如：粮食字画、年画、内画、蜡染、唐卡、彩绘等，和民俗生活密切相关，民间群众喜闻乐见，体现出清新、质朴的艺术风格。民间艺术反映着劳动人民独特的生活情趣，包含着丰富深刻的社会历史信息，代表着民众的审美观念。民间艺术历史悠久，源远流长，种类繁多，是人民精神生活的重要内容，是民族文化的宝贵财富。本章将为大家讲述各种民间绘画艺术，带领大家在民间绘画艺术长廊里欣赏木版年画的起源与发展、民间壁画的绘画内容、瑞士的民间绘画、久远的非洲绘画、瓦努阿图的独特艺术等。

# 中国民间绘画

ZHONG GUO NIN JIAN HUI HUA

## ◆年　画

年画是中国民间最普及的艺术品之一，多数地方都有过新年张贴年画的习俗，因一年更换，或谓张贴后可供一年欣赏之用，故称“年画”。年画虽以观赏与增添居室喜庆气氛为主，考其起源，应是从避邪镇宅的原始宗教信仰而来，所以广义的年画除中堂贴挂的神像、情节性观赏画外，还包括门画（门神）、桃符等，后因桃符侧重文字而独立出来。其实年画还有张贴于鸡舍、猪圈、马厩者，自古鸡为清晨报时之阳鸟，被

年　画

明清人物木板年画印版

认为能辟除阴邪恶灵，至今葬仪仍有先抱公鸡入坑以驱恶鬼，使亡灵入土为安的遗制。狗不仅看门守夜，并且人们认为“狗属土性”，可夜视见鬼，有镇邪本领，所以至今乡村寨有石雕鸡犬看守寨门的习俗。古代年画曾有张贴鸡窝专用物，江南还有蚕室画猫镇鼠之类特殊年画。纸（纸马、甲马）因四时皆用，故独成一类，但有些纸马也是一年一换，应可归入年画类。

我们今日所说的年画，虽有手绘者，却以木刻版印者为主。这种印版年画，只是唐宋商业发达应市民阶层所需而出现的新品种，宋代已有彩版纸画。《东京梦华录》：“近岁节，市井皆印卖门神、钟馗、桃板……”说明木版年画可能出现于唐，普及于宋。明清以后中国城市已有资本主义萌芽，上承宋代刻版印刷业与年画传统，到清代乾嘉盛世以后，年画逐渐出现地方流派与集销产地，著名的如苏州桃花坞、天津杨柳青、山东潍坊杨家埠、河南朱仙镇、河北武强、山西晋南、陕西凤翔、四川绵竹和夹江、安徽阜阳、福建泉州、广东佛山、湖南辰州及隆回滩头等，不少地方至今仍是年画产地。

## ◆壁 画

壁画一般多为寺庙祠堂、书院壁上装饰，以纪念、歌颂本族祖先

民间壁画

开天辟地的英雄业绩或记载本地菩萨的神话传说，是永久性的实用装饰民间绘画。古代多以水墨画材料绘制，有水墨白描、中国画工笔、写意、兼工带写等技法。设色有重、淡、青绿、浅绛金碧等，并配以文字、诗词、图章，近代逐步出现水粉画、油画、丙稀画、漆画、镶嵌等形式的民间壁画。表现手法以夸张、浪漫居多。20 世纪 50 年代后期以来，有宣传“三面红旗”和“农业学大寨”等政治内容，以及山水风景、乡土风貌等内容的壁画。

## ◆墙头画

古代的民间墙头画应用于房屋建筑装饰上，画于散墙、围墙、门窗、墙门、屋山头等处。墙头画用的都是水墨画工具材料。设色有

毛主席画像

浓、淡、水墨白描、青绿、金碧之分，技法以工笔、写意为主，有的兼工带写，表现风格为写实、夸张、浪漫等。内容有神话传说故事、戏剧故事人物、吉祥如意、祛邪保平安和花卉等。1949年后，墙头画多结合形势，宣传各个时期中心任务。“文革”期间，多以毛主席画像为主，配以毛主席语录、标语口号和横扫“牛鬼蛇神”等图画。

## ◆眠床画

民间眠床画起源于汉代，唐代开始发展。眠床画基本上分三种类型：

（1）在平木板上涂以胶铅粉或白漆作底色，古代以水墨作画，现代以水粉或油画形式作画。

（2）白描形式，有墨线白描和白漆白描，底色是木头本色、红木色或深色。

（3）镶嵌形式，底色用红木色或深色，有象牙嵌、骨嵌、贝壳嵌、白木嵌、塑骨嵌。

民间眠床画内容有神话传说、戏剧人物、山水风景、花卉鸟兽等。故事有龙凤呈祥、麒麟送子、断桥相会、和合神仙、桃园结义等；动物有狮子、老虎、孔雀、凤凰、喜鹊等；花卉静物有牡丹、梅、兰、竹、菊、石榴、香蕉、枇杷等；图案有花卉图、

眠床雕刻画

暗八仙、如意勾、槐龙等。

民间眠床画的表现手法：第一类，比较写实，有一定构图定律，散点透视形式；第二类，构图无定律框框，反透视，超时空观念的夸张，浪漫主义的表现手法。设色：一类以民间独特讲究的色调作画；另一类，讲究原色浓重，大红大绿，对比强烈，明快流畅。

## ◆家庭用具画

家庭用具画是根据不同的用具用器，用不同的表现形式来进行绘画的，主要有以下几种类型：

第一类：以水墨画形式装饰于用具上。分设色和不设色两种，画好后再漆以清喷漆和油喷漆，多装饰于台屏、屏风、笔筒、茶盒、瓷器等。

磨漆画

第二类：采用墨线白描和色线白描形式，并罩上一层透明漆，以增强透明度。多装饰于果盆、茶几、瓷器、衣柜、桌、椅、橱等用具。

第三类：镶嵌，一般用于装饰梳妆台、梳妆盒、箱、椅、台屏、围屏等民间工艺品中。

第四类:括描拙描（磨漆画）。多用于装饰衣柜、眠床、梳妆台等，有单层、多层、拼贴和与其他材料混用描绘等形式。

第五类:彩绘形式。有写实性、装饰性和传统民间性三种表现方法。有中国画、水彩水粉画、油画等类型。一般多用于装饰围屏、台屏、玩具、茶盘、笔筒、插花瓶等。

第六类：刻画法。用三角刀、园刀、平刀按图案刻，再在图案上涂以兰、绿、黑等色，再以清喷漆、油喷漆罩光以增强透明感和保护作用。

第七类：蜡染印花。多绘印于被面、纱蚊帐、衣服、肚兜、头巾、枕头面等，以蜡染方法印制。内容大多是麒麟、龙凤、花鸟和吉祥平安的图案。

## ◆虎头牌

虎头牌多挂于门顶、窗顶、墙门处，以寄托祛邪、祛鬼、保平安的愿望，通常以虎棒八卦图或单独的八卦图案绘之。采取夸张、变形、浪漫的表现手法，如虎耳像兔耳、虎眼似人可爱而不可怕。技法上以单线平涂、色块作画。古代多绘水墨画，近代以水粉、油漆画、油画代之。

虎头牌

## ◆灶头画

民间灶头画分为两种：一种是贴于或摆于灶头上的，如灶君菩萨，一般以红纸印制，木刻版画，并以飞金加以装饰，有黑白

民间灶头画

和套色印刷两种；另一种是直接描绘在灶身正面，有水墨彩绘、三花粉彩绘、油画、油漆彩绘等形式，起装饰、美化灶头之作用。内容有年年有鱼、凤凰舞牡丹和鸟兽花卉图等。设色有原色浓重、对比强烈、大红大绿的特点。表现手法有：变形、夸张、浪漫的特点。

## ◆中堂画

中堂画多根据主人家的社会职业、个性爱好、欣赏水平而选择不同题材。做生意的以财神菩萨为多，年老者以寿星为多，有文化修养的以山水、花鸟、风景为多，一般人家以鹤、虎、龙、鹰为多。有的以中国画、纸绢画的卷轴挂于中堂，有的直接以水墨画画于墙上。20 世纪 60 年代以后，出现水彩、水粉、油画、丙稀、漆画材料画的中堂画，并配以有关内容的文字，如“松鹤延年”“百寿图”“五虎图”“梅竹图”等。渔民渔船中堂画 60 年代前以祛邪保平安的内

中堂画松鹤延年

容为主，60 年代以后以农民画形式画于船中堂，内容皆是劳动、丰收场面。

## ◆农民画

新中国成立以来，地方政府部门为配合宣传各个时期的政治内容，抽用一些民间工匠（如油漆、雕刻、泥水、刺绣女）和农村“文化人”，以作壁画、墙头画、村史展览、忆苦思甜展览、抗洪救灾夺丰收展览、先进人物事迹展览、乡村远景规划图等。农民画从民间画匠中脱颖而出，作品逐步形成，队伍也得以发展。

农村绘画

奉化象山港沿岸农民画在全国有一定的影响，作者有漆匠、刺绣女、泥匠、农村“文化人”和群文工作者，年龄在16~60岁，文化程度从小学到大学。题材有劳动丰收场面、生活情趣场面、古代神话传说、戏剧故事、风景静物、动物花卉等。以传统的创作方法为主体，超时空观念，构图无框框定律，透视有散点透视和反透视。技法有单线平涂、单勾和双勾线、色块与勾线并用，线条粗犷豪放，有以色块表现的，有以点彩表现的和渲染并用的等。色彩有讲究色相、色调的，也有的不讲究固有色、条件色，以大红大绿、原色浓重、对比强烈、鲜艳明快为特点。材料工具以水粉画、铅华纸为多，也有使用宣纸以国画颜料和水彩相结合绘制的；有版画形式的木板、丝网板、纸板、拼贴民间版画；有的以油画材料工具作画；有磨漆画和剪纸材料形式；有画在布上和直接画在墙壁上的，有布贴缝剪的；有用油画色画在玻璃上的玻璃画；有纸上画的现代民间绘画用镜框装裱等。。有民间工匠直接画的画，有专业工厂企业生产的画，有板印、托印的，这些作品不但在本地展览，在国内参加比赛，还被不少国家收藏。

## ◆内 画

中国内画的产生源于内画鼻烟壶，四百年前鼻烟传入中国后，鼻烟壶就令人如痴如醉。在清代嘉庆、道光年间，创制了内画壶这一新的更令人喜爱的工艺品种。发展至今，不断发扬光大，使这一传统内画艺术品已有内画鼻烟壶、内画摆件、内画佛珠、内画酒具、肖像内画壶、内画打火机、内画香水瓶、摆件品种等。内画的画法是以特制的变形细笔，在玻璃、水晶、琥珀等材质的壶坯内，手绘出细致入微的画面，格调典雅，笔触精妙。中国内画鼻烟壶有以下三个主要流派：

内画鼻烟壶

（1）京派内画鼻烟壶。京派内画大师的作品具有很强的“文人味”，内涵深远，意境无穷，笔力严谨，画风苍劲有力。

（2）鲁派内画鼻烟壶。鲁派内画常选用的题材有水浒一百零八将、百骏、百兽等，其作品粗犷豪迈，风格泼辣，具有鲜明的地方特色。

（3）冀派内画鼻烟壶。冀派内画的选题以人物肖像见长，特别是婴戏图和百子图最能反映出冀派内画鼻烟壶的艺术特点。另外，在临摹中国古代名画方面也颇见功底。冀派内画的主要特点是立意深远，气韵生动，布局巧妙，线描设色浑雅丰富。从绘画工具到绘画技法及绘画形式有三项创新：金属杆钩毛笔、油彩内画、系列烟壶。

京、鲁、冀三个流派各有其风格特点，其中对内画鼻烟壶创作影响最大的是冀派内画鼻烟壶，已入选国家非物质文化遗产保护名录，冀派内画的发源地——河北衡水，还被文化部命名为“中国内画之乡”。

## ◆蜡　染

蜡染是苗族民间传统工艺，有 2000 多年的历史。

早期多用蜡刀蘸上融化之蜡，描绘花鸟虫鱼于白布上，放入靛蓝染液加温煮化蜡块，留下白图案，而白布染成蓝色。现已发展成为彩色蜡染。由单纯的布料发展为丝、绸、缎、绒、呢、纱等，品种上千，主要用作衣料、床上用品、壁、挂帽、包等生活用品和装饰品。

中国的染织工艺早在西周时期已得到较大的发展。根据《礼记》等文献记载，丝、染色当时都设有专官主管，楚国还设有主持生产靛青的“蓝尹”工官。可见当时的丝织、染色工艺已颇具规模。蜡染古时候称为蜡缬，是用蜡把花纹点绘在麻、丝、棉、毛等织物上，然后放入染料缸中浸染，有蜡的地方染不上颜色，除去蜡即现出美丽的花纹。

蜡染印花

## ◆唐　卡

唐卡也叫唐嘎、唐喀，系藏文音译，指用彩缎装裱后悬挂供奉的宗教卷轴画。唐卡是藏族文化中一种独具特色的绘画艺术形式，题材内容涉及藏族的历史、政治、文化和社会生活等诸多领域，堪称藏民族的百科全书。

唐卡

唐卡是在松赞干布时期兴起的一种新颖绘画艺术，具有鲜明的民族特点、浓郁的宗教色彩和独特的艺术风格，历来被藏族人民视为珍宝。唐卡的品种和质地多种多样，但多数是在布面和纸面上绘制的。另外也有刺绣、织锦、缂丝和贴花等织物唐卡，有的还在五彩缤纷的花纹上，将珠玉宝石用金丝缀于其间，珠联璧合。

唐卡的绘制极为复杂，用料极其讲究，颜料全为天然矿物、植物原料，色泽艳丽，经久不褪，具有浓郁的雪域风格。构图严谨、均衡、丰满、多变，画法以工笔重彩与白描为主。在内容上多为西藏宗教、历史、文化艺术和科学技术等，既有多姿多态的佛像，也有反映藏族历史和民族风情的画面，凝聚着藏族人民的信仰和智慧，记载着西藏的文明、历史和发展，寄托着藏族人民对佛祖的无可比拟的情感和对雪域家乡的无限热爱。

唐卡

传世唐卡大都是藏传佛教和苯教作品。它类似于汉族地区的卷轴画，多画于布或纸上，然后用绸缎缝制装裱，上端横轴有细绳，便于悬挂，下轴两端饰有精美轴头。画面上覆有薄丝绢及双条彩带。涉及佛教的唐卡画成装裱后，一般还要请喇嘛念经加持，并在背面盖上喇嘛的金汁或朱砂手印。也有极少量的缂丝、刺绣和珍珠唐卡。

## ◆彩　绘

彩绘，在中国自古有之，也被称为丹青，常用于在中国传统建筑上绘制装饰画。后来传到朝鲜半岛和日本，并得到广泛运用和发扬光大。在中国古代建筑上的彩绘主要绘于梁、枋、柱头、窗棂、门扇、雀替、斗拱、墙壁、天花、瓜筒、角梁、椽子、栏杆等建筑构件上，主要以梁枋部位为主，成语“雕梁画栋”由此而来。中国建筑彩绘的和发明运用可以追溯到2000多年前的春秋时代，它自隋唐时开始大范围运用，到了清朝进入了鼎盛时期，清朝的建筑物大部分都覆盖了精美、复杂的彩绘。

彩绘同样有种类和等级的差异。和玺彩绘是彩绘等级中最高级的，用于宫殿、坛庙等大建筑物的主殿。梁枋上的各个部位是用特别的线条分开，主要线条全部沥粉贴金，金线一侧衬白粉和加晕。用青、绿、红三种底色衬托金色，看起来非常华贵。和玺彩绘有金龙和玺、龙凤和玺及龙草和玺之分。

除了和玺彩绘外，还有旋子彩绘、苏式彩绘和其他彩绘。旋子彩绘在等级上次于和玺彩绘，在构图上也有明显区别，可以根据不同要求做得很华贵或很素雅。这种彩绘用途极广，一般官衙、庙宇、牌楼和园林中都采用这种彩绘。旋花是构成旋子彩绘的主要图案，是用旋涡状的几何图形构成一组圆形的花纹图案。旋子彩绘中的等级，基本上以用金量多少为依据，其等级依次为金线大点金、墨线大点金、金线小点金、墨线小点金、雅伍墨、雄黄玉等。

苏式彩绘是另一种风格的彩绘，多用于园林和四合院住宅。苏式彩绘有人物、故事、山水等，生动活泼的图案。颐和园中的长廊堪称

和玺彩绘

苏式彩绘

是苏式彩绘的样板画廊。金琢墨苏画是苏式彩绘中最华丽的一种，用金量大，画面很精致；金线苏画则是一种常用的苏式彩绘，主要线条用贴金法。其他还有海漫苏画等。这些苏画内均无大型图案，花型等也比较简单。

## ◆连环画

连环画是绘画的一种，指用多幅画面连续叙述一个故事或事件的发展过程的绘画作品。根据文学作品故事，或取材于现实生活，编成简明的文字脚本，据此绘制多页生动的画幅而成。一般以线描为主，也有彩色等。中国古代的故事壁画（如敦煌壁画中的许多佛教故事）、故事画卷（如东晋顾恺之《女史箴图》、五代南唐顾闳中《韩熙载夜宴图》、南宋李唐《晋文公复国图》、明摹《胡笳十八拍图》等）及小说

连环画《粮食的故事》插图

戏曲中的“全相”等，皆具有连环画的性质。现代风行的连环画俗称“小人书”或“小书”，也有将电影、戏剧等故事编成连环画的。

中国连环画有着悠久的历史。到清末和中华民国初年，随着石版印刷技术的发展，连环画开始作为通俗读物出现。1899 年第一本石印连环画《三国志》（朱芝轩绘），由上海文艺书局出版。20 世纪 20 年代以后，在文化启蒙运动和出版业的发展中，连环画逐渐广泛流行。北京称连环画为小人书，上海称图画书。1925 年上海世界书局出版《西游记》时，定名为连环图画。

新中国成立后，连环画进入了发展的高潮期，初期的内容大多以土地改革、抗美援朝、婚姻法等国家的大事为题材，一些古典名著也成为了连环画的表现内容，代表作有《三国演义》《水浒》等，并深受人们喜爱。1950 年以后，连环画创作进入了黄金时期，作品内容百花齐放，绘画风格精彩纷呈，这一时期还出现了《地道战》《地雷战》等一批电影连环画。直到 1980 年，连环画开始出现了现代题材的作品，除此之外，一批中外名著陆续再版或重新创作，而连环画的收藏开始升温。

20 世纪 80 年代以来，连环画在艺术上有很大发展。中青年连环画家基本功扎实，起点高，思想活跃，勇于借鉴，富于创造性。他们打破了单线勾勒或黑白素描式等传统格式，在画法、构图、处理时空关系、塑造形象、刻画心理等方面进行了多种尝试并有新的突破。连环画的形式风格空前丰富，艺术质量不断提高。

中国连环画在国际文化交流中显示出越来越重要的作用。1982 年 1 月在意大利的普拉托、罗马，5 月在法国巴黎，举办了中国连环画展览。1984 年 6 月，中国连环画还参加了在瑞士举行的第 1 届国际连环画节，

连环画《狄青传奇》

获特别荣誉奖杯。中国连环画册和报刊有多种，还被译成外文在国外发行。

## ◆烙 画

烙画是用一种特制的烙笔，在扇骨、梳篦、木制家具以及纸绢等上面烙制成的工艺画。烙画古称“火针刺绣”，近名“火笔画”“烫画”等，是古代中国一种极其珍贵的稀有画种。据史料记载，烙画源于西汉，盛于东汉，后由于连年灾荒战乱曾一度失传，直到光绪年间，才被一名叫赵星的民间艺人重新发现整理，后经辗转，逐渐形成以河南、河北等地为代表的几大派系。

烙 画

20世纪20年代，烙画已形成了一个特殊的手工行业，烙画品也成为南阳颇有名气的民间艺术品而享誉国内。当时，南阳城内已有专卖烙画的店铺六七家，其中方玉堂的“福聚恒”筷子铺最为有名，赵星的四个徒弟成了“福聚恒”的顶梁柱。“福聚恒”生意兴隆，日进斗金，产品远近闻名，远销北京、西安、天津、开封等地。到20世纪40年代初，单“福聚恒”一家，店员艺人已发展到三十多人，初具规模。

烙画——虎

以前烙画艺人是以一种吸大烟的姿势，侧卧床上利用烟灯加热进行烙烫加工，此种方式称为“卧烙”，此法只能烙制一些小件工艺品，且不易掌握，在一定程度上限制了烙画艺术的发展。到40年代，烙笔开始有笔架支撑，就形成了“坐烙”技法，它具有灵活多变、简单易学等优点，为研究和发展烙画艺术开辟了新天地。

开始，烙画艺人以铁针为工具，在油灯上炙烤进行烙绘，主要作为筷子、尺子、木梳等小件日用品上的装饰。后来，制作工艺和工具不断改革，由“油灯烙”改为“电烙”，乃至“激光烙”，将单一的烙针或烙铁改为大、中、小型号的专用电烙笔，比较先进的电烙笔可以随意调温，配有多种特制笔头，从而使这一古老的创作方式具备了前所未有的表现能力。

烙画以前仅限于在木质材料上烙绘，如木板、树皮、葫芦等。画面上自然产生不平的肌理变化，具有一定地浮雕效果，色彩呈深、浅褐色乃至黑色。现代大胆采用宣纸、丝绢等材质，从而丰富了烙画艺术形式。河南、广东、浙江、江苏和安徽等地都有生产。

## ◆麦秆画

麦秆画，又叫麦秆贴，是始于隋唐时代的宫廷工艺品，是中国古文化艺术的一块瑰宝。它和剪纸、布贴同属剪贴艺术，是民间艺术的一种形式，有“中国民间艺术一绝”的美称。

麦秆画

麦秆画源于春秋战国时期，是中国传统文化艺术中的一颗璀璨明珠。据考古发现，自秦朝起，麦秆画就被我们祖先作为高档饰品，悬挂于殿堂阁楼、豪门贵舍之中。20 世纪 80 年代秦怀王墓的出土文物中，就发现了麦秆画。发掘出的麦秆画原作经两千多年腐蚀，仍然色泽鲜明，不失古朴本色，令人叹为观止。传说东汉刘秀被王莽追杀，为避免被抓，万般无奈，藏于麦地之中，麦草随即化为树林保护刘秀，掩护刘秀躲过一场灭顶之灾，刘秀称帝后，麦草被当地人视为接福迎祥之草。利用麦秆的自然光泽、纹理和质感创制出来的麦草画用于贡奉朝廷，作为宫廷专用工艺品悬挂于大雅之堂，成为“天下一绝”。

麦秆画

小麦历来被人们视为神圣之物，无论是古人祭祀天地，还是国徽图案的选定都赋于了小麦极高的地位，它象征丰收和财富。麦秆画是将传统艺术与现代科技结合起来的中国独有的民间手工艺品，更是传统文化艺术中的一颗璀璨明珠。这种来自田野之间，出于村民之手的艺术品让人有零距离拥抱大自然之感。麦秆画艺人在继承和发扬传统民间工艺的基础上，勇于探索，大胆改革，潜心研究，细心琢磨，多方求教，以灵巧的双手将麦杆用药水浸泡，熏、蒸、染、抛开、捕平等工艺处理好，又通过剪、贴、描绘、烫、打磨、编号、上板等，到最后的临摹、组合等三十多道复杂工序，制作出的产品古朴典雅，惟妙惟肖，栩栩如生。麦杆画艺人精益求精，创造出了风格独特、形神兼备的山水、人物、花鸟、动物、历史名画及佛教等六大系列上千多个品种，人们称赞麦杆画艺人是“点草成金”。

近年来，众多国画大师和老一辈民间艺术家在继承前人优秀文化传统的基础上，大胆创新，运用现代科技手段对其生产工艺进行改进，创造了许多既有传统艺术美感又有现代生活气息的麦杆画，使失传的民间工艺重现光彩，充分展现了中华民族博大精深的文化内涵和艺术品位。

## 布贴画

布贴画，原名宫廷补绣，俗称布贴画，又叫布堆画、布贴花、布摞花，还叫拨花。底子多用白色，也可用其他颜色，视所要表现的内容而定。布贴画色彩丰富、鲜艳，剪贴的边线明朗、整洁，富有木刻版画的刀木特点。布贴画和丝绸剪贴画相近似，但原料有别。

布贴画以粗布为原料，用袋装染料直接高温染制成各种颜色，由巧手妇女剪贴而成。被文化部命名为“全国现代民间美术画乡”的延川县，地处黄土高原腹地，位于延安以东的黄河岸边，受鄂尔多斯草原的影响和蒙汉民间艺术相互渗透，其民间传统艺术具有独特魅力。延川人在当地传统民间剪纸、刺绣、壁画、布贴工艺的基础上，

布贴画

从生活出发，就地取材，采用不同色彩、不同质地、不同形状的布块，通过布缝和补花布饰手工艺，创造出画面具有浮雕感的布贴画。所谓布缝，就是大面积的拼贴，包括贴块、缝合、镶花和拼接；所谓补花，就是小面积的花饰纹样点缀，即在一块底布上贴、缝、镶上有纹样的布片。

延川布贴画所表现的内容，有民间传说、戏剧人物、民俗生活、动物、花卉和各种吉祥图案，追求沉着和浓烈的色彩，在大胆夸张的画面之中开拓新意，富有浓郁的地方特色。延川人着装戴饰喜欢红、黄、蓝、绿，布贴画充分反映了当地民众的共同心理感受和对美好生活的追求。心灵手巧的延川人，把一块块不同形状的布块，变成一幅幅精美绝伦的布贴画，使之折射出当地固有的民族社会史、风俗习尚、地理环境和审美观所赋予的光彩。

# 国外民间绘画

GUO WAI NIN JIAN HUI HUA

## ◆日本的浮世绘

浮世绘，也就是日本的风俗画、版画。它是日本江户时代（也叫德川幕府时代）兴起的一种具有独特民族特色的艺术奇葩，是典型的花街柳巷艺术，主要描绘人们日常生活、风景和演剧。浮世绘常被认为专指彩色印刷的木版画（日语称为锦绘），但事实上也有 手绘的作品。在亚洲和世界艺术中，浮世绘呈现出特异的色调与丰姿，历经300余年，影响深及欧亚各地，19世纪欧洲从古典主义到印象主义诸流派大师也无不受到此种画风的启发。因此，浮世绘具有很高的艺术价值。

浮世绘的艺术，初期原为肉笔浮世绘，即画家们用笔墨色彩所作的绘画，而非木刻印制的绘画。肉笔的浮世绘盛行于京都和大阪，这个画派的开始，是带有装饰性的。它为华贵的建筑作壁画，或装饰室内的屏风。在绘画的内容上，有浓郁的本土气息，有四季风景、各地名胜，尤其善于表现女性美，有很高的写实技巧，为社会所欣赏。这些大和绘师的技术成就，代代相传，遂为其后的浮世绘艺术，开辟了先路。

木刻浮世绘的技法不追求木刻的刀味，却注意木质纹理的表现效果，而且将线条的流畅放在极主要的地位，往往需要画、刻、印三者共同合作来使作品达到尽善尽美的境地。他们创造的木纹法、

日本浮世绘

光泽法、云母粉法、无色印刷法等等都是在力求线条与配色取得高度和谐这一目的上总结出来的作画经验，摆脱了过去向来使用毛笔的束缚。

浮世绘的题材极其广泛，有社会时事、民间传说、历史掌故、戏曲场景和古典名著图绘，有些画家还专事描绘妇女生活，记录战争事件或抒写山川景物……，它几乎是江户时代人民生活的百科全书，而所有这些题材的基调则是体现新兴市民的思想感情，一些追求自由恋爱和讽刺封建礼教的作品在民间流传极广。

## ◆瑞士民间绘画

瑞士东部的民间绘画起源于19世纪初。位于瑞士圣加仑市以南21000米，海拔2502米的桑提斯峰的周围地区，是东瑞士绘画艺术的中心。值得一提的是，这里的绘画传统并不只是源于农民，一些艺术家们的本行或副业是家具漆匠、嗣表匠、木匠、皮革匠、家庭纺织业者、刺绣绘图者、邮递员、面包师傅、雇工、舞蹈音乐家、小客栈店主以及临时工等。这些人被统称为桑提斯地区的“牧民画家”，他们来自社会底层的各个行业，与农牧业有不可分割的紧密联系。

桑提斯周边地区民间画家的主题是牛。在不适合耕种的丘陵地带，牛和羊成了农民最主要的生活来源。奶清，一种在生产奶酪过程中产生的副产品，在18世纪作为一种健康并带有神效的食品被发现，很快把全欧洲的人吸引到瑞士东部。这也间接促进了业余绘画的发展，部分作品成为旅游纪念品吸引着来此度假的游客。无可否认，旅游业和艺术品市场的繁荣大大促进绘画发展并从中获得收益。但是游客的兴趣和外界的影响并没有改变该地区音乐艺术和绘画艺术的精髓。相反，人们对民间文化艺术

瑞士民间绘画

瑞士民间绘画

作品的尊重不仅保护了传统文化，同时也避免了它向肤浅、媚俗方向发展。

与传统意义上的瑞士艺术家如霍德勒尔、阿尔贝尔托·贾科梅蒂、克雷及比尔相比，瑞士东部地区的民间艺术家至今还没有被国外了解。究其原因，并不是这些民间艺术家和收藏家对这些作品不自信，恰恰相反，他们很为自己的作品自豪，以至于不愿意向外界展示它们。简单举个例子，民间画家巴尔托洛莫伊斯·莱姆勒尔（1809—1865 年）的一幅作品在市场上绝对可能换来一幢别墅。喜欢桑提斯周边地区民间绘画的收藏家们来自各个阶层，从普通公司职员到房地产商人，甚至还有原本只收藏欧美现代艺术巨匠作品的画廊老板。

在瑞士东部约 80 平方千米的地域范围里，您会发现不少于四个收藏民间艺术品的博物馆，而在中国则几乎找不到收藏并展示业余画家的作品的机构。许多有价值的艺术品在“文革”期间流失，当然有一部分得以流传下来并不断有新的民间作品产生。画家用不同于传统水墨技法的语言描绘了这个世界。瑞士和中国相隔万里，两国的民俗画是两个相差很远的文化领域，要寻找它们的相同之处是不容易的，因为它们有着截然不同的文化背景和历史背景。

## ◆非洲绘画艺术

几千年前的非洲已出现许多岩石雕刻图像，严格地讲这已是绘画的最基础的技法。15 世纪达到鼎盛时期的津巴布韦的莫诺莫塔帕王国

利比亚岩画《牛》

阿扎尼亚岩画《围猎大象》

已创造出令人瞩目的绘画艺术品，这些都说明绘画艺术在非洲的历史亦很久远。

20世纪初，西方殖民者入侵非洲的同时也带来了西方文明——架上绘画的技法，也就是从那时起才出现真正意义上的民间绘画。从最初依靠外国人培养画家，到自己有美术学院，有能力培养画家，非洲各国走过了一段漫长而曲折的道路。特别是60年代各国独立后，在政府发展民族艺术政策的感召下，民间艺术事业发展较快，其中塞内加尔、刚果（金）、尼日利亚和肯尼亚等国民间绘画特色浓郁，出现了一批杰出的民间艺术家。这些民间艺术家生活条件和绘画用具很简陋，但他们来自民间，作品反映的是民众生活，艺术语言通俗易懂，造型简洁，色彩明快，符合非洲群众独特的审美情趣和审美意识，因而深受广大群众的喜爱，自身也得以发展。表现手法上，在继承非洲

瓦努阿图

传统的同时，又吸收了西方现代造型艺术的某些语言，基本是写实的、自然主义的。

## ◆瓦努阿图沙画

瓦努阿图有一种独有的传统艺术——沙画。沙画家直接在沙面上使用手指作画，一笔下来，一幅优雅而匀称的几何图案便已完成，不仅构图相当精确，而且所有线段几乎全是对称的。这看似简单，其实不然。一个沙画家必须不仅拥有图表、图案的丰富知识，而且也要深刻理解沙画的内涵，因为他必须能向观众阐明它们的意义。在瓦努阿图，传统的沙画不仅是悠久的艺术表现形式，而且也是作为当地的真实的通信手段。

瓦努阿图群岛地处太平洋南端，位于悉尼东北2000千米处。这里成功地保存着一种复杂而独特的传统——在沙子上作画。这种“书写”不仅是当地的一种艺术表现形式，还具备多种功能：仪式、冥想和交流。沙画由训练有素的画家直接在地面、沙土、火山灰或是粘土上作画。画家用一根手指画出一条线，不断延展，形成各种优美的、经常是对称的几何图形。以这种丰富而充满活力的图像来表意，已成为一种传统交流方式，使居住在瓦努阿图中部和北部岛屿的约80个语言群体之间可以沟通。它又是用来记录、传播仪式和神话故事的工具，同时也给人们提供了了解当地历史、宇宙论、部族体系、歌曲组合、农业技术、建筑、手工艺和编排舞蹈的大量信息。

这是一个起多种作用的“写”的形式。

大多数沙画都有多种功能和多层含义。它们可以用不同方法

庆典仪式中的沙画表演

沙画《宝龟图》

来解读：可以是艺术作品，也可以是信息的来源；或描述故事，或签字署名；或是简单的留言，或是就某一对象沉思。沙画不仅是单纯的图画，而且是由歌曲、故事、神圣和世俗含义交织成的微妙综合体。

今天，瓦努阿图沙画传统在瓦努阿图中部岛的不同的社区中幸存，并且最普通的设计已经被广泛地用于印在瓦努阿图钞票和邮票上进行传播。而且经常作为一种民间风俗装饰展示给外来旅游者以及用于其他商业目的。

# 第三章

# 戏曲音乐

中国戏曲音乐是在中国民族音乐百花园的土壤中繁衍发展起来的，它与古典歌曲、民歌、曲艺音乐、民族器乐等音乐门类一起，共同创造出绚丽多彩的中国民族音乐。它的内涵及外延，形式与内容，风格与色彩，集中体现了中国民族音乐的最高水准，是中国各门类音乐的集大成者。纵观世界各国民间音乐艺术，民歌有之，曲艺有之，舞蹈有之，民族器乐有之，单单没有融歌、舞、乐为一体，以唱、念、做、打为基本表现手段的戏曲艺术。

中国各民族地区的戏曲剧种，有360多种，传统剧目数

戏曲水墨画

以万计。中华人民共和国成立后，又出现许多改编的传统剧目、新编历史剧和表现现代生活题材的现代戏，都深受广大观众热烈欢迎。比较著名的剧种有昆曲、粤剧、川剧、淮剧、晋剧、汉剧、湘剧、潮剧、闽剧、祁剧、莆仙戏、河北梆子、湖南花鼓、吕剧、花鼓戏、徽剧、沪剧、京剧、越剧、黄梅戏、评剧、豫剧、秦腔等50多个剧种。

中国戏剧源远流长，它最早是从模仿劳动的歌舞中产生的。先秦是戏曲的萌芽期。《诗经》里的“颂”、《楚辞》里的“九歌”就是祭神时歌舞的唱词。从春秋战国到汉代，在娱神的歌舞中逐渐演变出娱人的歌舞。从汉魏到中唐，又先后出现了以竞技为主的“角抵”（即百戏）、以问答方式表演的“参军戏”和扮演生活小故事的歌舞“踏摇娘”等，这些都是萌芽状态的戏剧。唐代（中后期）是戏剧的形成期。中唐以后，中国戏剧飞跃发展，戏剧艺术逐渐形成。宋、金是戏剧的发展期。宋代的“杂剧”、金代的“院本”和讲唱形式的“诸宫调”，从乐曲、结构到内容，都为元代杂剧打下了基础。元代是戏剧的成熟期。到了元代，杂剧就在原有基础上大大发展，成为一种新型的戏剧。它具备了戏剧的基本特点，标志着中国戏剧进入成熟的阶段。

# 中国六大剧种

ZHONG GUO LIU DA JU ZHONG

## ◆京　剧

京剧是在北京形成的戏曲剧种之一，至今已有将近二百年的历史，是中国的国粹。它是在徽戏和汉戏的基础上，吸收了昆曲、秦腔等一些戏曲剧种的优点和特长逐渐演变而形成的。徽戏进京是在（清乾隆五十五年1790年），最早进京的徽戏班是安徽享有盛名的“三庆班”。随后来京的又有“四喜”“和春”“春台”诸班，这四个戏班合称为“四大徽班”。

京　剧

京剧的正式形成大约是道光二十年（1840年）以后的事儿，这时京剧的各种唱腔版式已初步具备，京剧的语言特点已经形成，在角色的行当方面已出现了新的变化，已拥有一批具有京剧特点的剧目，京剧第一代演员也已经出现，余胜三、张二奎、程长庚被称为老生“三鼎甲”，此外还有老生演员兼京剧剧作家卢胜奎。程长庚是这一时期的代表人物，他在融合汉调、徽调并吸收昆曲加以改造和提高方面，比同时期的其他京剧演员作了更多的努力，对京剧表演艺术的形成贡献很大，对后世京剧的发展影响起了很大的作用。1917 年以来，优秀京剧演员大量涌现，呈现出流派纷呈的繁盛局面，由成熟期发展到鼎盛期，这一时期的代表人物有杨小楼、梅兰芳、余叔岩。

京剧角色的行当划分比较严格，早期分为生、旦、净、末、丑、武行、流行（龙套）七行，以后归为生、旦、净、丑四大行。京剧音乐属于板腔体，主要唱腔有二黄、西皮两个系统，所以京剧也称“皮黄”。京剧常用唱腔还有南梆子、四平调、高拨子和吹腔。京剧的传统剧目有一千多个，常演的有三四百个以上，其中除来自徽戏、汉戏、昆曲与秦腔者外，也

梅兰芳

有相当数量是京剧艺人和民间作家陆续编写出来的。京剧较擅长于表现历史题材的政治和军事斗争，故事大多取自历史演义和小说话本。既有整本的大戏，也有大量的折子戏，此外还有一些连台本戏。

## ◆越　剧

越剧是中国传统戏曲形式之一。主要流行于浙江、上海、江苏、福建、陕西、湖北等地，包括东北许多地区，在海外亦有很高的声誉和广泛的群众基础。越剧长于抒情，以唱为主，声腔清悠婉丽，优美动听，表演真切动人，极具江南地方色彩。越剧演员初期由男班演出，后改为男女混合班或全部女班。

越剧《红楼梦》剧照

越剧至今有150多年的历史，其前身是浙江嵊县一带流行的说唱形式“落地唱书”（主要是马塘村为主，因此可以说越剧的起源是在马塘了）。

清朝光绪三十二年（1906年）春，越剧开始演变为在农村草台演出的戏曲形式，曾称小歌班、的笃班、绍兴文戏等。艺人初始基本上是半农半艺的男性农民，故称男班。1917年5月13日，小歌班初次进入上海，在十六铺“新化园”演出，因艺术上粗糙简陋，观众寥寥。之后又有3班艺人来上海，但均告失败。艺人们在学习绍兴大班和京剧的表演技巧后，艺术上有所提高。1919年，小歌班开始在上海立足。1920年起，小歌班集中了一批较知名的演员，编演了一些引人入胜的新剧目，如《梁山伯与祝英台》《碧玉簪》《孟丽君》等。这些剧目适应了五四运动后争取女权和男女平等思潮的兴起，受到观众欢迎。1925年9月17日上海《新闻报》演出广告中首次以“越剧”称之。

越剧《梁山伯与祝英台》

在表演方面，越剧一方面向话剧、电影学习刻划人物性格、心理活动的表演方法，另一方面向昆曲、京剧学习优美的舞蹈身段和程式动作，逐渐形成了写意与写实相结合的风格。在舞台美术方面，采用立体布景、五彩灯光、音响和油彩化妆，改革服装式样、色彩，质料柔和淡雅，成为舞台艺术整体的有机组成部分。

古装衣是越剧的特色服装，在剧中年轻女子和中年妇女经常穿戴。上衣有水袖或本色连袖，外加云肩或飘带；长裙上搭配有短裙或中裙、佩、腰带、玉饰。短、中、长裙又有折裥和无折裥之分。按身份不同，古装衣又分为仕女衣、民间衣、宫装衣。其特点是裙长衣短，胸腰收紧，形体分明。2006 年 5 月 20 日，越剧经国务院批准列入第一批国家级非物质文化遗产名录。

## ◆黄梅戏

黄梅戏是安徽的主要地方戏曲剧种。黄梅戏原名“黄梅调”或“采茶戏”，是 18 世纪后期在皖、鄂、赣三省毗领地区形成的一种民间小戏。其中一支逐渐东移到以安徽省怀宁县为中心的安庆地区，与当地民间艺术相结合，用当地语言歌唱、说白，形成了自己的特点，被称为“怀腔”或“怀调”。这就是今日黄梅戏的前身。

黄梅戏名伶严凤英

黄梅戏从起源到发展经历了独角戏、三小戏、三打七唱、管弦乐伴奏 4 个历史阶段。前 3 个阶段均在湖北黄梅县完成，为黄梅戏大剧种的最后形成提供了充分的先决条件。从清康熙、乾隆到光绪年间，是“三打七唱”形成和发展的重要历史阶段。这个阶段全面实现了传统剧目、唱腔、表演艺术积累和剧种的广泛传播。

在剧目方面，黄梅戏号称“大戏三十六本，小戏七十二折”。大戏主要表现的是当时人民对阶级压迫、贫富悬殊的现实的不满和对自由美好生活的向往。如《荞麦记》《告粮官》《天仙配》等。小戏大都表现的是农村劳动者的生活片段，如《点大麦》《纺棉纱》《卖斗箩》。从小戏到本戏还有一种过渡形式，老艺人称之为“串戏”。所谓“串戏”，就是各自独立而又彼此关连着的一组小戏，有的以事“串”，有的则以人“串”。“串戏”的情节比小戏丰富，出场的人物也突破了小丑、小旦、小生的“三小”范围。黄梅戏的优秀剧目有《天仙配》《牛郎织女》《槐荫记》《女驸马》《孟丽君》《夫妻观灯》《打猪草》《柳树井》《蓝桥会》《路遇》《王小六打豆腐》《小辞店》《玉堂春》等等。

黄梅戏《天仙配》剧照

## ◆评　剧

评剧于清宣统元年（1909 年）形成于唐山，故又名“唐山落子”。1923 年，创建该剧种的警世戏社在天津演出时，因其上演剧多有“惩恶扬善”“警世化人”“评古论今”之新意，纳名宿吕海寰建议，改称“评剧”。1936 年名伶白玉霜在上海拍电影版《海棠红》，新闻界将评剧之称谓载于《大公报》，从此评剧的名字广泛传播于全国。评剧源于冀东民间歌舞“秧歌”，秧歌是民间农历新正花会活动中的主要形式之一，由双人彩扮，对歌对舞，群体伴唱伴舞，锣鼓击节，唢呐或丝竹配乐伴奏，以歌唱民间生活故事、历史人物、四季风光为主要内容。

白玉霜

明、清两代多有以唱秧歌为业者，所唱曲调以莲花落为主。至清末，秧歌又汲取了乐亭皮影、鼓书等，逐渐演变成为具有冀东地方特色的“蹦蹦戏”。蹦蹦戏初期为两小戏（一旦一丑），有唱有白，载歌载舞。所演剧目有百种以上，有一定的故事情节和首尾贯穿的人物，以叙事体、第三人称为其主要特点。音乐上也是向板腔体过渡的形态。因蹦蹦戏艺人所唱曲调以莲花落为主，并以竹板（节子板）击节，故有蹦蹦戏与莲花落之混称。演出形式是先以群体合唱“四喜歌”开场，再引出正戏。道光二十年(1840年)后，农民以习蹦蹦戏谋生者日益增多，涌现出了大批唱蹦蹦戏的艺人。由于艺人们各自所操的乡土方言和活动地域不同，遂形成了东、西、北三路蹦蹦戏。光绪六年（1880年）至二十六年（1990年）间（1880—1990年），出现了许多半职业和职业性的班社。班社中优秀的蹦蹦戏艺人在互相竞争中又彼此交流，互相汲取，从而推动蹦蹦戏不断向前发展，将对口彩唱两小戏推进到三小戏（即折出戏）阶段。折出戏扮演者由第三人称转化为第一人称，剧本由说唱体演变为代言体，出现了分场式的小型剧目，表演上也开始有了简单的角色行当划分，表演上除在一定程度上保持传统秧歌舞蹈动作外，在一些剧目中开始引进模拟现实生活的写实动作，同时也开始仿效大剧种的程式动作，但又不受严格的程式规范束缚，动作较为自由。

白派评剧演员小白玉霜（李再雯）

评剧念白以唐山地方语言为基础稍加韵化而成。音乐唱腔初具板腔体样式。有了慢板、二六板、小悲调、锁板等。伴奏以板胡为主，兼用唢呐、笛子；击节乐器甩掉了竹子板，改用枣木梆子并借用河北梆子锣经，启奏时以拉板胡者跺脚为令来指挥乐队伴奏。舞台设施只置一桌二椅和守旧，别无他物。折出戏剧目计有百余种，大部分来源于两小戏或影卷、梆子剧本，另一部分则是依据民间现实生活、时事传闻、古今传奇、历史小说、子弟书鼓词等编写而成。在

赵丽蓉作品《杨三姐告状》

折出戏时期，清光绪三十四年（1908 年），由于光绪皇帝、慈禧的相继逝世，清政府下令百日内禁止娱乐活动，致使蹦蹦戏各班社处于瘫痪状态，多有解体。同年秋，一些艺人成立了庆春社。为防止当局禁演，遂仿照大戏模式对折出戏进行全面改造，大量汲取了梆子板式和锣鼓，使蹦蹦戏具有了大型剧种的雏型。改革后的蹦蹦戏，定名为“平腔梆子戏”。

宣统元年（1909 年），唐山永盛茶园邀请庆春社做开业演出，深受广大观众的热烈欢迎，从此庆春社在唐山站住了脚跟。为巩固蹦蹦戏在城市中的阵地，班社艺人奋力赶写赶排新戏，至 1912 年，创作、改编、移植的大型剧目已达三十余部，与此同时，也健全了表演行当，完善了唱腔板式和伴奏体制，从而使蹦蹦戏具有了崭新的艺术风貌。至此，孕育在秧歌母体中的民间小戏，终于在民国初年以新的姿态脱颖而出，时人称其为唐山落子，后定名为评剧。《杨三姐告状》《安重根刺伊腾博文》等现代戏均以时事新闻为题材，反映社会现实生活，在当时很有影响力。

1949 年 10 月 1 日，中华人民共和国宣告成立后，在党的“百花齐放，推陈出新”的方针指引下，评剧呈现了一派繁荣景象。有许多省、市、自治区组建了评剧艺术团体，至此，评剧一跃而成为全国性的大剧种。

《杨三姐告状》又名《枪毙高占英》。根据真人真事编剧。写 1918 年，富绅高贵章之子高占英娶贫女杨二姐为妻，高流氓成性，与其大嫂裴氏、五嫂金玉通奸。杨二姐劝夫改邪归正，高便怀恨在心。奸夫淫妇合谋，害死二姐。杨三姐杨玉娥在吊孝中发现疑点，乃赴滦县告状，县官受贿，致使杨三姐败诉，杨三姐不服，上告直隶总厅（天津），终于胜诉。高占英伏法被枪决。此剧 1919 年首演于哈尔滨庆丰剧院。剧本首载于 1929 年诚文信书局出版的《评戏大观》。中国戏剧出版社 1957 年 12

月出版的《成兆才剧本选集》亦收此剧。《花为媒》故事见《聊斋志异——寄生》，写的是王俊卿与表姐李月娥互相爱慕，但月娥父坚不允婚，俊卿相思成病。媒婆阮妈另选张五可，并定计花园相亲，张、王一见钟情。迎娶之日，月娥母趁丈夫外出，亦将月娥送至王家，俊卿遂娶二妻。此剧于 1914 年由庆春平腔梆子班首演于唐山盛茶园，后收入《评剧大全》第 2 集。

## ◆豫　剧

豫剧，原称“河南梆子”，也叫“河南高调”，因为河南省简称“豫”，解放后定名为豫剧，是河南省的主要剧种之一。豫剧传统剧目有六百多出，著名演员有常香玉、牛得草等，代表剧目有《穆桂英挂帅》《红娘》《七品芝麻官》《花木兰》《朝阳沟》等。豫剧起源已经很难考证。一说是明末秦腔与蒲州梆子传入河南后，与当地民歌、小调相结合而成；一说是由北曲弦索调直接发展而成；还有一说是在河南民间演唱艺术，特别是自明朝中后期在中原地区盛行的时尚小令基础上，吸收“弦索”等艺术成果发展而成。

常香玉

陈素真

清朝乾隆年间，河南省已流行梆子戏。据当时的碑文资料记载，“当年演剧各班祈祷宴会之所，代远年湮，亦不知创自何时。于道光年间河工决口，庙宇冲塌，瓦片无存”，可见在道光之前，梆子戏就早已存在。这些记述与艺人间的传说相符。据一些老艺人追忆，他们在 1912 年前后学艺时，曾听师傅说起河南的“内十处”，即祥符（今开封）、杞县、陈留（今开封）、尉氏、中牟、通许、仪封、封（今并入兰考）、封丘、阳武（今并入原阳）；“外八处”，即淮阳、西华、商水、项城、沈丘、太康、扶沟、鹿邑。据艺人相传，豫剧最早的传授者为蒋门、徐门两家。蒋门在开封南面的朱仙镇，徐门在开封东面的清河集，都曾办过科班。

辛亥革命以后，河南梆子更多地进入城市演出。当时开封较有名的茶社如致祥茶社、普庆茶社、澄怀茶社、庆茶社、东火神庙茶社、同乐茶社等，均争相邀请河南梆子班社，义成班、天兴班、公议班、公兴班等因而活跃一时。此后，郑州、洛阳、信阳、商丘等城市相继出现演出河南梆子的茶社、戏园。在农村，则每逢迎神赛会必演戏，在一些地区，所演多属河南梆子。

20 世纪 20 年代末到 30 年代，河南梆子的发展进入一个新的阶段。这一时期，开封相国寺先后建立了永安、永乐、永民、同乐四个河南梆子剧场，许多著名艺人如陈素真、王润枝、马双枝、司凤英、李瑞云、常香玉、赵义庭、彭海豹等，云集于开封。1935 年初，以樊粹庭为首成立了豫声戏剧学社，改永乐舞台为豫声剧院，陈素真所在的杞县戏班和赵义庭所在的山东曹县戏班均参加了该学社。豫声戏剧学社革除了旧戏班的一些不合理制度，对表演和舞台美术等进行革新，并演出由樊粹庭创作的《义烈风》《霄壤恨》《涂血》等剧目。抗日战争爆发后，于 1938 年，采“醒狮怒”之意，改学社为狮吼剧团。

豫剧《程婴救孤》剧照

常香玉在 1936 年随周海水班社到开封，在醒豫舞台演出。1937 年成立中州戏曲研究社，演出由王镇南编写的《六部西厢》《哭长城》等古装戏和揭露日本帝国主义侵略罪行的现代戏《打土地》。《打土地》是豫剧编演现代戏的开始。与此同时，永安舞台的王润枝、马双枝、彭海豹、杨金玉等也演出了不少传统剧目。名角云集，促进了豫东调、豫西调的合流，促进了河南梆子的发展和提高。1938 年日本侵略军占领开封后，狮吼剧团、周海水的泰乙班，以及常香玉等团体和演员先后到西安，并以西安为中心，在西北城乡演出，扩大了豫剧的影响和流行地区。西安也出现了不少豫剧团体，如常香玉为首的香玉剧社、毛兰花为首的凤麟剧团、崔兰田为首的兰光剧社，还有孙老七创办的河南灾童戏剧学社（西藏豫剧团前身）等。

1949 年后，河南及全国许多省、市、自治区普遍建立豫剧演出团体。河南豫剧院于 1956 年成立。1962 年举行了豫剧名老艺人座谈会演，1980 年举行了豫剧流派汇报演出。豫剧有一批专业和业余的编剧人才，如樊粹庭、杨兰春等。杨兰春，1921 年生，河北省武安人，先后改编和创作（有的是与他人合作）了《小二黑结婚》《人往高处走》《刘胡兰》《朝阳沟》《冬去春来》《朝阳沟内传》等。同时他还导演了不少现代戏和传统戏，如《血泪仇》《赤叶河》《志愿军的未婚妻》《秦香莲》《唐知县审诰命》等。

## 京剧流派及创始人

京剧的流派习惯上以创始人的姓来命名，各行当被公认的主要流派大致如下：

老生：谭派——谭鑫培；汪派——汪桂芬；孙派——孙菊仙；汪派——汪笑侬；王派——王鸿寿；刘派——刘鸿声；余派——余叔岩；言派——言菊朋；高派——高庆奎；马派——马连良；麒派——周信芳；新谭派—谭富英；杨派——杨宝森；奚派——奚啸伯；唐派——唐韵笙。

武生：俞派——俞菊笙；李派——李春来；黄派——黄月山；杨派——杨小楼；盖派——盖叫天。

小生：程派——程继先；德派——德珺如；姜派——姜妙香；叶派——叶盛兰。

旦角：陈派——陈德霖；王派——王瑶卿；梅派——梅兰芳；程派——程砚秋；荀派——荀慧生；尚派——尚小云；筱派——筱翠花；黄派——黄桂秋；张派——张君秋。

老旦：龚派——龚云甫；李派——李多奎；孙派——孙甫亭。

花脸：何派——何桂山；金派——金秀山；裘派——裘桂仙；金派——金少山；郝派——郝寿臣；侯派——侯喜瑞；裘派——裘盛戎。

丑角：萧派——萧长华；傅派——傅小山；叶派——叶盛章。

也有部分人主张京剧的流派应从程长庚时代开始。这实际上是不可取的，尽管他们都是京剧史上不可或缺的人物，但当时京剧属于初创阶段，如人的婴幼儿时期，尚无流派可言。所以京剧史上的第一个真正意义上的流派，应是老生行的谭鑫培派。因此，包括老生行的程长庚、余三胜、张二奎、王九龄，小生行的徐小香；旦行的余紫云、梅巧玲，丑行的刘赶山、王长林等在内的著名演员，都未列入。

# 第四章

# 舞　蹈

民间舞蹈起源于人类劳动生活，它是由人民群众自创自演，表现一个民族或地区的文化传统、生活习俗及人们精神风貌的群众性舞蹈活动，所以也称为“土风舞”。民间舞蹈多为载歌载舞的集体舞，舞蹈动作千姿百态，各具民族及地方特色。这些舞蹈表现的内容有古代原始社会的狩猎生活、战争经历、图腾信仰及生殖崇拜，也有现代生活中各种传统节日里人们表达欢喜之情的娱乐活动，有的则渗透了各种民俗、祭祀、礼仪活动的遗风。

民间舞蹈具有鲜明的民族风格、浓郁的地方特色，它没有国家地域的界限，能够沟通世界各国，因此是最社会化、最国际化的舞蹈。中国民间舞蹈是中华民族艺术宝库中的璀璨明珠，它不仅历史悠久、题材广泛、内容丰富、形式多样，而且数量之多也是世界上所罕见的。就其历史发展及现状而言，可分为传统民间舞蹈和现代民间舞蹈，本章介绍的均为传统民间舞蹈，即历史上流传下来的。这种民间舞蹈是舞蹈艺术不发达阶段所产生的一种古老原始的舞蹈形式，在历代相传的过程中，人民群众尊重它，爱护它，使之发展至今。

# 中国民间舞蹈

ZHONG GUO NIN JIAN WU DAO

## ◆荷花舞

荷花舞又名云朵子、地云子、莲花转，是流行在甘肃庆阳南部的一种舞蹈形式。源于周族的赛社祭祀活动，在巫文化的影响下变成一种“乞雨”的巫神活动。西峰区内庙宇较多，道教文化盛行，每逢庙会或春节时，社火队都排演“云朵子”，它是民间社火中长期保留的娱乐节目。

演出者为青一色的妙龄少女，一般6～8人。人数可多可少，适宜在各种场合表演。形式分边歌边舞和不歌只舞两类。边歌边舞，即

荷花舞

在音乐伴奏中轻歌曼舞，舞姿以甩纱带为主，身段一扭三弯，摇扭相配，颇有风吹莲叶的轻柔动态。歌词共四段，每段四句，曲调为陇东民间传统小调“扬燕麦”。不歌只舞，即只用舞蹈语言表演，抒发情怀。舞蹈队列常变幻花样，队形有“龙摆尾”“燕穿梭”“剪子股”等。动作要轻松自然，轻捷平稳，用“碎步”，脚根先着地，脚尖后着地，有前脚着地，后脚跟着虚抬的姿势，走如舟穿莲田，飘逸轻柔。演员要年轻漂亮、身段苗条，一旦起舞，如水浮荷花，在池塘里轻盈漂转，美不胜收。

荷花舞的艺术效果令人神往，使人陶醉。伴着那优美的乐曲，一群少女身着淡黄色大襟上衣，浅绿色裤子，粉红色筒裙，手挽长长的草绿色纱带，端庄秀丽，婀娜多姿，优雅地“坐”在彩灯装饰的花盘上，踏着轻盈的碎步，手中的纱带时而抛撒开去，时而收拢在握，那神态和动作美丽俊秀，清逸飘洒，个个如飘飘欲飞的仙女，人人似碧波之中的莲妹。晚间演出，在灯光的映衬下，会把人带入一种梦幻般的仙境。

荷花舞集曲艺、音乐、纸扎、民间美术于一体，从“云朵子”“云影子”“莲花灯”等民俗观念酝酿成的这种民间舞蹈，不仅仅是西峰区域历史——中国农耕文化源头地的历史遗存，也是中国农业文明在民族历史发展过程中的一种特殊产物。它的特征是道具别致，由云盘、云朵、油灯、莲花构成的舞具，民俗意味性极强，反映了周代农耕活动的文化内容。云盘象征甘霖，云朵象征四海太平，油灯象征五谷丰登，莲花象征祥和润泽。由此构成的意念来自周代祭祀中的赛社活动，象征远古农耕者对大自然的敬畏，对生存的企盼，期冀风调雨顺，太平盛世的民间观念。

## ◆舞狮子

“舞狮子”简称“舞狮”。每逢新历元旦和农历春节元宵、迎神赛会、秋色巡行，四乡各地群众均喜爱这种结合了体育、武术、舞蹈、锣鼓的传统舞狮活动。狮队出游互相拜访，云集佛山，锣鼓声、鞭炮声此起彼落，场面非常热闹。

据说是在1000多年前的隋朝时，西域的木雕狮子兽头舞艺传入中国，到盛唐时代，“狮子舞”已发展成伴有打节拍、踏着鼓点的大型舞。历代相沿，舞狮艺术演变得多彩多姿。有关舞狮的技艺与狮头的形态，因各地方风俗习惯之异亦大不相同。因而在舞狮的艺术创作和表演程式上，形成了各自的地方色彩和独特风格。如江西的“手摆狮”、安徽的“青狮”、福建的“抽狮”、四川的“高台狮子”、湖南的“武打狮子”、太原的“狮子滚绣球”、北京高碑店的“单狮”、河北保定的“双

舞 狮

狮 头

狮”、广东的“醒狮”等。尤其是以佛山地区的“醒狮”及狮头扎制别具特色而名扬海外。

“舞狮”的表演技巧着重于个人的功力与对手的紧密配合，才能表现出狮子勇猛威武的形态。有的要表现狮子的滚翻灵活，有的要动作细腻轻巧，有的花样诙谐，有的善于表现狮子嬉戏好动的性格。归结起来，其基本动作有站、爬、蹲、卧、蹦、踏、退、滚、吻、昵、啃、吼等20多种，表演者把这些基本动作有机巧妙地组织起来，按不同的情节构图来表演，就可形成丰富多彩的舞狮节目了。

“舞狮”是由狮头和狮被两部分组成。佛山的狮头用竹篾和纱纸扎制成，眼、耳、口皆能转动，造型生动醒目，并涂上各种鲜艳颜色，以区分狮子的种类：如“大花面”（黑、白）、“二花面”（黑、黄）、“七彩面”（红、白）等。“大花面”加上“青鼻”，长角黑短须者，表示该狮是好勇斗狠的。“七彩面”为常见的“文狮”。“舞狮”

出队亦有一定程序，如“派东”“头牌开路”“锦标彩旗”“舞狮采青”“武打队”“锣鼓队”“谢东”等，队伍一般有五六十人，多则二三百人。

随着社会的进步，今天的舞狮队伍程式一改以往陋习，而活动范围也不仅限于节日。在很多中外文化交流和盛大庆典活动中，舞狮队也扮演着重要的角色，舞狮技艺正在发扬光大。

## ◆高跷舞

高跷舞是中国汉族民间舞蹈，又称高跷秧歌，流行于中国大部分地区。表演高跷舞是用 1 米高左右的两根木棍，上半部固定

高 跷

一根20厘米的小横棍，脚踩在小横棍上，用绳子把大棍绑在腿上行走。表演时，演员根据节目内容，身穿各种角色的服装，手执各种道具进行表演。高跷舞一般都有一定的戏剧情节，有古典的，有民间传说的，有根据时代内容自编自创的，也有单纯表演踩高跷技艺的。

高跷历史悠久，源于古代百戏中的一种技艺性表演，最早的记载见于《列子·说符》："宋有蓝子者……其技以双枝长倍其身，属其胫，并驰并驱,弄七剑……"唐以前称"长跷伎",宋叫"踏跷",清以后称"高跷"。一个高跷舞队少则十多人，多则几十人。扮演的角色有现实生活中人物，也有历史故事、神话传说中的人物，如《水浒传》中的时迁、鲁智深,《白蛇传》中的许仙、白蛇等。在角色行当中还有"俊锣"（扮女，执小锣）、"丑锣"（扮女）、"俊鼓"（扮公子，背花鼓）、"丑鼓"（扮公子）以及"文扇""武扇"之分。

高跷表演中的人物角色的服饰、化妆多模仿中国传统戏曲，如包头、画脸谱、带髯口等。舞队在表演时边舞边走出各种图案队形，称高跷大场；分成两三个人表演的称小场。无论大场小场，大多是男女对舞，有时还持小道具，边唱边舞。高跷的技艺性很强，木跷矮的33～67厘米，高的233～267厘米，舞者表演时重心前倾，力量下沉，不停地以碎步扭动，有一股梗劲，根据表演上的不同特点，又分文、武两种高跷。文高跷重于踩扭和情节性表演，武高跷重技巧表演，如单腿跳、摔叉、走独木桥和跃高凳等。

今人所用的高跷，多为木质，表演有双跷、单跷之分。双跷多绑扎在小腿上，以便展示技艺；单跷则以双手持木跷的顶端，便于上下，动态风趣。各地高跷都已形成鲜明的地域风格与民族色彩。

## ◆旱船舞

旱船舞俗称“跑旱船”。旱船上扎船篷，下护船围，并系有彩绸、扎花，船身长约 4 米。表演角色通常有三个人物造型，即船娘子、老艄公和傻大婆（亦称老卜子）。1949 年前，船娘子由漂亮男子扮演，新中国成立后多由女性扮演。跑旱船时，船娘子进入船篷内，船身用绳子拴在船娘子的裤带上，外观船娘子好像坐在船楼内，实则船身由船娘子支撑。艄公手持桨板，伴随打击音乐做出拔锚、收缆、划桨等舞蹈动作。船娘子在船楼内，在艄公的引导下不断变换行船方向和行船速度。行船往往在一阵“急风急浪”之后，船速减慢，似乎在平静的“水面上”自由自在地漂流。此时，船娘子随着音乐唱起优美动听

旱船舞

的民间小调。跑旱船的另一角色——傻大婆，手摇芭蕉扇，一会尾随船后急追，一会跑到船头开路，一会又与船娘子并肩说些挑逗的话。傻大婆类似戏剧中的丑角，她的一举一动、一说一唱，都十分滑稽可笑。有的旱船队，当旱船跑过几个圆场后，便出现热烈的水族舞蹈场面。俊男俏女身着用竹、布扎制的鱼、鳖、虾、蟹的道具，做着形象逼真的各种水族舞蹈动作，热闹非凡。

在传统汉族民间舞队的表演序列中，旱船舞一般都是单人旱船，即船上只有一人表演（不含船下的艄公），由一个坐船女在船中间支架整个船身。双人旱船的发明者在表演时觉得撑船人（艄公）表演时没有坐船的情节，因此不够完美，而单人旱船的构造也无法使撑船人（艄公）坐，会造成前栽后仰而使表演失衡。对单人旱船进行改制后，将船身增长，设计为前后两个坐船女共同支撑船身，两个冲船人（头道篙、二道篙）分别化妆成戏剧“肖恩打渔”中的肖恩父女，用各种舞步，如坐船、跪步、蹲步、碎步、搓步、慢步等，以及一些传统民间舞蹈常用的技巧相组合，形成了独特的双人旱船舞。

双人旱船舞的表演以仿真为主，把各种水上行船的生活拿到地面进行夸张处理，达到虚实结合的再现性艺术表演效果。如表演中的拔锚、起船、拨水、大回水、拨浪、搁浅、卧船、翻身、跨船、下锚等等。

### ◆龙灯舞

龙灯舞是我国民间传统舞蹈，又称“龙舞”“龙灯”“耍龙”等。据说始于汉代。每年正月初一至十五日舞龙灯。龙形品种多样，有“彩龙”“火龙”等。

龙灯舞

表演龙灯舞要制作龙。首先，用竹篾或树条扎成龙架子，共9节，外面糊上布或纸，画成青色或红黄色的两条龙，每节龙身下扎一个棍子，表演者可以把龙举起。另外，再扎一个圆球，糊上布，做成蜘蛛的形状，龙与蜘蛛内都装上蜡烛或灯泡，夜间舞蹈时，龙和蜘蛛全身光明。

彩龙龙头五彩缤纷，龙身以各色软缎制成，造型精美。舞时常配以鱼虾、蚌壳等彩灯同行。舞龙者不分男女，皆着对襟彩服，系红腰带，手持一节把竿，随逗宝人曲身翻舞，绵延不停。有打击乐器相伴。火龙多用彩龙头，龙身着彩绘龙鳞的粗麻布，每节内有竹笼，内置燃烛或捻子，舞时点亮。火龙较彩龙长、大，一般10余节，把竿也较长，龙把竿长约2米。因多在元宵夜举行烧龙仪式，故名“火龙”。火龙一般有双龙双宝。元宵烧龙，象征新年庆祝活动圆满，借以祈求“清洁平安”。舞火龙者头戴草帽，穿小裤衩，赤脚光背，持龙游舞，四周燃灯者手持鞭炮，伴以铁花、炭圆，向火龙喷射。只见火花飞溅，火龙翻滚，火光冲天，五彩缤纷。

舞龙灯时为了助兴，要配备大锣、大鼓、唢呐等乐器伴奏，还有放鞭炮、火铳的。最适宜在夜间进行龙灯舞表演，其场面灯火辉煌，五彩缤纷，龙身来回翻腾跳跃，锣鼓乐器齐鸣，观众呐喊助威，引人入胜。

耍龙灯舞是根据一个美丽动人的神话故事编演的。传说，在浩瀚的大海里，有一座金碧辉煌的龙门，谁要是能跃过这座龙门，就可以化为龙。有一条聪明的小鲤鱼游到这里，想跃起过龙门，它往返多次，不怕困难，终于借助海浪的力量跃了过去，化成一条神通广大的火龙。

钱塘彩龙

后来，天上的玉皇大帝派它和一条青龙下界降妖捉怪，青龙发现了蜘蛛精，便搏斗了起来，因为法力不高，被蜘蛛精结网缠住了。火龙赶到，吐出烈焰，烧了蜘蛛网，救出青龙，捉住了蜘蛛精。根据这个神话故事，龙灯舞的表演，一般要经过鱼跃龙门、火龙下界、青龙被困、二龙戏珠四个环节。技术精湛的表演者在表演过程中要表演出二龙吐须、二龙戏珠、引龙戏舞、龙打滚、龙脱壳、纵身绞挂等巧技。

鱼跃龙门

## ◆火绫子

火绫子又叫杈伞舞或“围灯”，是河南信阳市商城县独具特色的人民喜闻乐见的民间舞蹈。商城火绫子起源于汉代，兴盛于唐代，清乾隆年间在商城境内最兴盛。火绫子系九人集体表演的群舞。火绫子演出动作潇洒大方，情节诙谐风趣，具有较高的文化内涵和研究价值。

火绫子的表演人物有："老杆儿"（领舞）即掌杈伞人，扮一风趣的老汉，一手掌杈伞，一手持蒲扇，口衔哨子（指挥用）；"四梳"女角，旧时男扮女装用黑纱手帕包头，好像姑娘梳的独辫，故得名"四梳"，俗称"蜡花"或"花鼓娘子"，皆以彩粉画脸，着彩衣，穿绣花鞋，腰系围兜，左手拿花巾，右手持彩扇；"四挎"男角，腰挎花鼓，故名"四挎"，俗称"花鼓腿子"，画俊脸，红巾或黄巾包头，蝴蝶结扎在额头，着花边舞衣，腰系红彩，手握花棍。

舞蹈分大场、小场两种。大场第一段由"老杆儿"引"蜡花"和"花鼓腿子"出场，领舞以"踢四场门""拜四方""乌龙摆尾"等近 20 种

火绫子表演

名目组成各种队形。第二段由“老杆儿”喝住锣鼓“打杈”,“打杈”由“老杆儿”即兴编作压韵的板词,或传统的顺口溜短段。词的内容多为恭维、吉祥诙谐之词,众和以助兴。“老杆儿”还随时发问,众人反问句“咋的”,“老杆儿”自问自答,众和“对对对”等答句。煞住杈词后,对对男女边唱边舞,“老杆儿”根据情况煞唱收场。

小场是表演具有简单故事情节的小舞蹈。如抢手巾、抢扇子、逮蜡花等。舞步有搓步、碎步、顿步、滑步、追步、后退步、十字步等。曲词一,是前后徵调式,中间转羽调式的花鼓唱,有的中间加对唱和腔,衬词有“小二哥二小哥”“小二嫂二小嫂”;曲词二,是前后宫调式,中间转羽调的抢八句子;曲词三,是超八度乃至十度的大跳,构成上下翻腾的徵调式花鼓唱;曲词四,是四句羽调式的锣鼓唱。此外,还有传统戏曲《花篮戏》《皮影戏》,说唱《大鼓书》等。

## ◆竹竿舞

竹竿舞是中国佤族、苗族、黎族等少数民族喜爱的舞蹈之一。佤族的竹竿舞,一般在寨中有威望、有影响的老人死后举行,以碓杵击打竹竿而舞,寨中男女老幼均可参加。当地老人说:“人虽然死了,但灵魂不死,它到另一个世界后同样离不开歌舞,所以人们要唱歌跳舞欢送他。”正是这种旷达的生死观,造就了佤族诸多类型的丧事舞蹈。

这种舞蹈形式与中国青海省黎族竹竿舞相同,即两根大竹竿平摆在地上,在两根大竹竿外面,人们两人一对,面对面持小竹竿,沿着大竹竿来回滑动碰击,舞者在两竿滑动相撞的空隙中跳动。舞蹈动作为模仿蚂蚁、斑鸠、豹子、画眉等动物形态起跳,活泼欢快。

竹竿舞用具

苗族的“竹竿舞”是喜庆的舞蹈，多在逢年过节时跳。近年来，当地苗族青年还将它搬上了舞台。一对对苗族青年男女吹着芦笙，跳起舞蹈，穿过九道门楼，来到了日夜向往的地方。舞蹈中，小姑娘两人一对，同持两根缀满鲜花的竹竿代表彩画门楼，九对竹竿代表九道门楼，小伙子吹起芦笙跳起舞，一对对从门楼下穿过，进到了城里边。

舞蹈时，女舞者两人一组，每人双手各握住两根竹竿的两端，时而横摆，时而直推，时而将竹竿击地又翻身举竿。男舞者则吹起芦笙，往来穿行于竹竿群之间。“过门楼”一段舞蹈，要求男女舞者配合十分默契，竹竿击地向上举时，男舞者要钻过“门楼”，否则就会被竹竿击中头部。

竹竿舞中，男舞者以“探路步”为基本舞步，而女舞者多用向左右两则横挪、微颠及动作幅度较小的“开荒地”为基本舞步，将浓郁的地方特色和鲜明的民族风格较清晰地展现出来。传说以往跳“竹竿舞”，男、女舞者共需 36 人，场面宏大，较为壮观。后来由于参舞者减少，现已缩减为四男四女起舞。

竹竿舞的演出要求并不十分苛刻，道具要求也相对简单化。只要有一块平坦的草地，就可以进行演出。一般是八对男女青年进行，演出时男子着短衣，腰系红绸缎；女子着苗族特有的手工大摆裙，由苗族大堂鼓伴奏打节拍，和以一阵阵的欢呼声，与红绸缎、彩裙一起烘托出一种朴素洒脱的美。

竹竿舞一般由山间偶遇、搭桥过河、相恋、抬新娘回家四个环节组成，各个环节都流露出苗族青年男女真挚的情感与许多原生态的审美元素，古朴自然。

苗族竹竿舞

## ◆陕北秧歌

陕北秧歌是流传于陕北高原的一种具有广泛群众性和代表性的传统舞蹈，又称“闹红火”“闹秧歌”“闹社火”“闹阳歌”等。它主要分布在陕西榆林、延安、绥德、米脂等地，历史悠久，内容丰富，形式多样。其中绥德秧歌最具代表性。

陕北秧歌舞历史悠久，相传北宋时已有，原为阳歌，“言时较阳，春歌以乐，”《延安府志》记有：“春闹社，俗名秧歌。”由此可知，秧歌源于社日祭祀土地爷的活动。清李调元《粤东笔记》云：“农者，每

陕北秧歌

春时，妇子以数十计，往田中插秧，一老挝大鼓，鼓声一通，群竞作，弥日不绝，是日秧歌。”故又有人指出，秧歌传自南方，是陕北的一种外来文化。作家曹谷溪在《再谈陕北秧歌》中说：“陕北人闹秧歌，就是图个红火。每年正月二三开始，几乎要闹腾一个正月天。一直到二月初二才压了锣鼓五音。”陕北秧歌形式多样，是一种民间广场集体歌舞艺术，表演起来多姿多彩，红火热闹。

陕北地区闹秧歌习俗由来已久。如陕北的绥德、米脂、吴堡等地，每年春节各村都要组织秧歌队，演出前先到庙里拜神，敬献歌舞，然后开始在村内逐日到各家表演，俗称“排门子”，以此祝贺新春，送福到家，这是古代祭社活动的延续，十五日灯节这天，秧歌队还要“绕火塔”“转九曲”。“绕火塔”也叫“火塔塔”，先用大石和砖垒起通风的座基，上面再用大块煤炭搭垒成塔形，煤炭之间有空隙，填入柴禾、树枝以便燃点。由于当地煤炭质量好，又有柴木助燃，所以在十五日的夜晚点燃后，火焰照红夜空，秧歌队绕塔高歌欢舞，非常好看。

陕北秧歌表演形式的主要特点是“扭”，所以也叫“扭秧歌”，即在锣鼓乐器伴奏下，以腰部为中心点，头和上体随双臂大幅度扭动，脚下以“十字步”作前进、后退、左腾、右跃的走动。上下协调，步调整齐，彩绸飞舞，彩扇翻腾，同时还可以伴随着唱。

早年多是男扮女妆。随着时代的发展，女的也参加表演。男女队身着彩服或带云角装的秧歌服，男的用毛巾包头，女的手持彩肩、汉巾。拜年有“排门子”秧歌、“彩门”秧歌；正月十五有酒曲秧歌、花灯秧歌。小场子秧又叫踢场子，分二人场、四人场、八人场。舞蹈动作丰富，豪迈粗犷，潇洒大方，充分体现了陕北人民淳朴憨厚、开朗乐观的性格。

## ◆傣族孔雀舞

云南省的傣族是一个能歌善舞的民族。傣族的民间舞蹈优美、朴实、含蓄，舞姿富于雕塑性，因此傣族的舞蹈，既有动态的韵律美，又有造型的静态美。

孔雀被傣族人视为吉祥之鸟，可以带来幸福，孔雀舞也是傣族人民的民间舞蹈，傣族人民热爱孔雀，经常模仿孔雀漫步、追逐嬉戏、抖翅、拖翅、登枝、开屏、飞翔等动作，久而久之就形成了孔雀舞，孔雀舞是中国傣族民间舞中最负盛名的传统表演性舞蹈。

傣族孔雀舞

传统的孔雀舞，过去都由男子头戴金盔、假面，身穿有支撑架子、外罩孔雀羽翼的表演装束，在象脚鼓、锣、镲等乐器伴奏下进行舞蹈。舞蹈有严格的程式，其中有丰富多样、带有寓意的手形与各种跳跃、转动等舞姿，伴随着优美的“三道弯”躯体造型，塑造孔雀林中窥看、漫步森林、饮泉戏水和追逐嬉戏等神态和自然情景。虽然由男子表演的传统孔雀舞动作偏于刚健、挺拔，少有阴柔之美，但流畅的舞姿与模拟孔雀的优美造型往往令观者沉醉，而忽略了表演者的性别。

男子孔雀舞

象脚鼓是为傣族舞蹈伴奏的重要乐器，在傣族，从三四岁的幼儿到古稀老人，没有不会击打象脚鼓的。象脚鼓的高级演奏者，不单纯只是打鼓的乐师，同时必定是一名优秀的舞者。因为傣族舞者所能呈现出的表演水平与鼓手的演奏关系密切，作舞之前，舞者和乐师一般没有合练，完全靠相互之间的感觉进行默契的配合与表演。击鼓乐师因熟谙舞蹈，会依舞者水平的高低选择和不断变换鼓点的节奏、速度，引导舞者亮出高难绝技。

由于孔雀舞有不同的传说和流行的区域，所以其特点在某些方面是有差异的。大致都有伏膝柔韧而较缓慢，手上的动作柔软一些，三道弯的造型线条柔和，常用拱肩、柔肩、拱胸来加强其优美、内在的感觉，鼓点较缓慢而轻盈。

由于孔雀舞的传说很多，表演者各自根据民间传说编舞，有的侧重摹仿孔雀的举动，有的表现孔雀的各种内心活动。再加之傣族又分为不同的支系,所以孔雀舞虽有较统一的表演程式,但也不是一个模式,不是一成不变的。

## ◆彝族葫芦笙舞

西畴彝族葫芦笙舞流传于云南省文山壮族苗族自治州西畴县鸡街曼村。曼村为彝族花倮人聚居的村落。花倮人的葫芦笙舞是一种古老的彝族民间舞蹈，以躯体“S”形前后曲动的典型舞姿而独树一帜，展现着古代滇人葫芦笙舞的遗韵。

在开化古铜鼓图饰上，有 4 个头戴羽冠、衣着羽衣、吹葫芦笙翩翩起舞的舞人饰纹，舞姿正是一个典型的“S”形前后曲动的造型动作，可以证明在漫长的历史年代，古滇先民跳葫芦笙舞时，是头戴羽冠，手执羽毛，身穿羽衣，屈肢顿足而周旋飞舞。今天曼村花倮妇女的头饰和服饰仍保留有一些羽冠和羽衣的痕迹，说明曼村花倮人的葫芦笙舞是由古滇先民舞蹈传承而来，有其特定的历史文化内涵。

在花傈人的重要节日，全村男女老幼欢聚于场院，妇女身穿节日盛装，在葫芦笙的伴奏下，围成圆圈翩翩起舞。葫芦笙舞有牙虐（站着跳）、牙庆（起步跳）、牙拉（移步翻身）、牙降（走圆圈）、牙稳（穿花）、牙搞（对点头）和牙敢（前跳又后跳）等七种不同的舞蹈套路，每一种套路都有不同的葫芦笙曲调吹奏，音乐较为丰富。

花傈人葫芦笙制作工艺特别，五根长短不一的竹管，在根部嵌竹或铜制簧片，插入葫芦制成的音斗，三支笙管侧面开有音孔，最短的

葫芦笙舞

一支在音斗背后也开有音孔，最长的一支顶端还套有一个小葫芦，以增加共鸣。

### ◆新疆塔吉克族鹰舞

塔吉克族是中国古老的民族之一，主要聚居在新疆塔什库尔干塔吉克自治县，其余则分布在该县以东的莎车、叶城、泽普等县。坚韧不拔的意志和一往无前的大无畏民族精神逐渐形成了塔吉克民族特殊的审美追求。他们视鹰为强者、英雄，在民间广布有关鹰的民歌和传说，甚至连舞蹈的起源都与鹰的习性、动态联系在一起，于是形成了“鹰舞”。

塔吉克族舞蹈特色的形成与伴奏乐器及其特有的演奏方法分不开，鹰笛、手鼓、拉巴甫（热瓦甫）、布兰孜库姆、塔吉克式艾捷克都是其广泛使用的民间乐器。其中鹰笛是塔吉克族最典型的乐器，吹奏技法难，但音调别致、美妙；手鼓是塔吉克族舞蹈的主要伴奏乐器，演奏时由两名妇女敲打一面手鼓，奏出多种鼓点，这在其他民族中是罕见的。鼓点有固定的套路与名称，如“阿路卡托曼”等，每套都能奏出复杂多变的艺术效果。在盛大的赛马、叼羊活动中，多支鹰笛吹奏《叼羊曲》，多名妇女同时击奏多面手鼓，敲奏“瓦拉瓦拉赫克”，令骑手和马都兴奋不已。

鹰舞的主要形式有“恰甫苏孜”“买力斯”“拉泼依”等。“恰甫苏孜”在塔吉克语中意为“快速、熟练”，它既指节奏，又是即兴表演并带有竞技性的舞蹈形式，代表了塔吉克族舞蹈特有的风格。其表演以双人对舞为主，形式活泼，舞者可自由进退，两三组同舞，亦可男女同舞。表演时多由一名男子邀请另一男子同舞，两人徐展双臂，沿场地边缘缓缓前进，如双鹰盘旋翱翔；随后节奏转快，两人互相追逐嬉戏，忽而肩背近贴侧目相视，快步行走，又蓦地分开跃起，如鹰起隼落，由低到高拧身旋转，扶摇直上，最后舞蹈在竞技旋转中结束。这些动态表现，显然是西域乐舞“胡旋舞”“胡腾舞”技艺的遗存与升华。“买力斯”，意为“特定节拍”，是以民乐伴奏或民歌伴唱为主的自娱性舞蹈，也常用来表演传统的故事性民歌，它以原地连续旋转为特色，妇女尤其喜欢。“拉泼依”是家庭内只用一个热瓦甫伴奏的特定舞蹈形式，有时也在室外进行，其伴奏多用恰甫苏孜的曲调，伴奏者还可以边演奏边舞，舞蹈动作自由、轻快，技艺高的演奏者可把热瓦甫放置在肩上弹奏起舞，这可能是西

鹰 舞

域乐舞风习的遗存。

鹰舞是中国民间舞蹈中极具特色的传统舞蹈形式，艺术价值很高。随着现代化进程的加速，这些珍贵的民间艺术日渐失去生存的土壤，面临困境，亟待保护与抢救。

## 踏歌

古人称以足踏地为节、边歌边舞的群众自娱性歌舞为“踏歌”，踏歌多在民间节日，如元宵、中秋之夜。人们成群结队，手袖相联，即兴编词，传唱踏舞。

汉代已有正月十五“相与联臂，踏地为节”的歌舞活动。唐代踏歌广泛盛行于民间、宫廷。唐诗中有许多《踏歌词》，描绘踏歌盛况，人们盛装打扮，群聚踏歌，三天三夜歌舞不停。宋以后，文人常将一些少数民族民间歌舞称作“踏歌”，因其舞蹈与踏歌一样都具有群众性、自娱性、手牵着手、以足踏地、载歌载舞等特点。

实际上，以足踏地为节，人们围着圈，手牵着手，载歌载舞的舞蹈形式，古已有之。距今5000年前的舞蹈纹陶盆，十分生动、准确地描绘了这类民间舞形式。传说中尧时的“击壤”，应是对这种舞蹈形式的最早记载。由于这种舞蹈便于人们面对面交流感情，有强大的凝聚力。至今，世界各地许多民族均保存了与此相类似的舞蹈形式。

# 国外传统舞蹈

GUO WAI CHUAN TONG WU DAO

## ◆阿根廷探戈

探戈发源于布宜诺斯艾利斯，被阿根廷人视为国粹。19 世纪末，年轻的阿根廷共和国经过连年战乱，进入稳定的发展时期，大批欧洲移民涌入这片富饶的土地。初来乍到者多在码头或工地做小工。每当夜幕降临，他们相聚在贫民区的小酒店饮酒作乐，聊以舒解都市生活的寂寞与思念家乡之苦。

这批移民来自不同的国家和地区，他们带来了不同的舞蹈和音乐，

阿根廷探戈

探戈就是在这块富饶的土地上生长起来的一朵绚丽的花朵。探戈以意大利、西班牙风格为主，夹杂着一些黑人乐舞的韵调，集音乐、舞蹈、歌唱、诗歌于一体，是一门风格独特的综合艺术。

探戈出身卑微，起初仅在港口破败的仓库甚至妓院里表演，观众是出卖苦力的下等人，故为上层社会所不齿。然而，这种艺术形式的魅力无法抗拒，到 20 世纪初，探戈已普遍为大众所接受，40 年代迎来了它的黄金时代，涌现出一大批词曲作家、歌唱家和舞蹈家。

跳探戈舞时，男女双方的组合姿势和其他摩登舞略有区别，叫做“探戈定位”，双方靠得较紧，男士搂抱的右臂和女士的左臂都要更向里一些，身体要相互接触，重心偏移，男士主要在右脚，女士在左脚。男女双方不对视，定位时男女双方都向自己的左侧看。探戈音乐节奏明快，独特的切分音为它鲜明的特征。舞步华丽高雅、热烈狂放且变化无穷，交叉步、踢腿、跳跃、旋转令人眼花缭乱。

探戈据说起源于情人之间的秘密舞蹈，所以男士原来跳舞时都佩带短刀，现在虽然不佩带短刀，但舞蹈者必须表情严肃，表现出东张西望，提防被人发现的表情。其他舞蹈跳舞时都要面带微笑，唯有跳探戈时不得微笑，表情要严肃。

### ◆印度肚皮舞

作为世界上最古老的舞蹈形式之一的肚皮舞，是一种强调腹部动作、富有东方情调的独舞。关于肚皮舞的起源地说法不一，有人称肚皮舞可追溯至印度，有人认为肚皮舞起源于埃及。一般相信肚皮舞是由吉普赛人（也就是印度人）在辗转迁徙的过程中，将他们的舞蹈从

肚皮舞

印度往西带至南亚、中亚，再至中东、欧洲，往东遍及中国边疆及东南亚，结合当地的民族特色，变化成具有共同特征的不同舞蹈。印度舞蹈到了中东形成了中东肚皮舞。当地人因其来自东方的印度，且有别于中东地区性的民俗舞蹈，故称之为东方舞。

舞由其名，肚皮舞主要锻炼腰、腹、臀等躯干部位的肌肉，特别是腹部和体现柔韧性的腹直肌、腹斜肌以及背部。当保持某个姿势时，腿部和肩部肌肉群也得到了很好的锻炼，提高了肌肉弹性和灵活性，加强心血管柔韧度，锻炼耐力，增强身体协调性和平衡控制能力。

肚皮舞的特色是随着变化万千的快速节奏，摆动腹部，使劲的舞动臂部、胸部，这些动作成为肚皮舞牢不可破的传统舞技。肚皮舞必需在平滑的地板上赤足舞蹈，配合音乐，以极快速、错综复杂的感性肢体动作快速地舞动，一如欧美的狐步舞般交叉摇摆的舞姿。时而优雅，时而感性、妩媚娇柔，时而傲酷、神秘。肚皮舞迷人的舞姿令人目不暇接。

作为一种优美的身体艺术，肚皮舞通过骨盆、臀部、胸部和手臂的旋转以及令人眼花缭乱的胯部摇摆动作，塑造出优雅、性感、柔美的舞蹈语言，充分发挥出女性身体的阴柔之美。它是一种全身的运动，可以让你的腿部、腹部、肩膀以及颈部都得到充分的活动，从而提高身体的弹性和柔韧性。手臂的动作非常重要，它能表达出舞者的优雅和精巧。肚皮舞不仅仅是一种运动，也为心灵与身体建立了一种精神纽带。

### ◆巴西桑巴舞

巴西的音乐以其精致、优美和多样而著称。音乐和舞蹈最典型和迷人的韵律当属桑巴。桑巴舞被称为巴西的“国舞”。在拉美这个最大的国度，关于桑巴舞的普及程度，有这样的说法：“人不分男女老幼，平时跳，节假日更跳；在舞台上跳，在大街上也跳；白天跳，通宵达旦地跳。”每当激越的音乐声起，人们总是激情难抑，不禁摆腿扭腰地跳起来，如醉如痴，欲罢不能，欲休难止。

从 16 世纪起，起源于非洲西海岸的桑巴舞随黑奴传到巴西，它吸收了葡萄牙人和印第安人舞蹈和音乐艺术的风格，演变成巴西的桑

桑巴舞

巴舞。这种舞蹈紧张、欢快、热烈活泼，舞蹈者的每一块肌肉都在抖动，因而不同于一般的轻歌曼舞。从1910年起，巴西的音乐家们每年都要为狂欢节创作新的狂欢进行曲、桑巴舞抒情歌曲以及戏谑取闹的歌曲等。随着时间的推移，巴西的狂欢节已离不开桑巴舞，桑巴舞成为巴西狂欢节的代言词。巴西人说“没有桑巴舞，就不存在狂欢节”，甚至说“桑巴舞已渗透到巴西人的血液中”。

巴西的狂欢节于每年四旬斋的前三天举行。复活节前40天内为天主教的四旬斋，戒食肉类，以纪念复活节前三天遇难的耶稣。四旬斋前夕举行狂欢节，举宴食肉，狂欢作乐不限。

相传葡萄牙人于17世纪把这种习俗从亚速尔群岛引入巴西。刚开始这项庆典活动还偏重于戏谑、恶作剧，人们走上街头相互抛洒清水、土和石灰，甚至散发着臭味的东西。1840年，里约饭店的意大利籍老板娘改变了这种狂欢方式。她发了请柬，雇了乐师，用彩带装饰了饭店，准备了五彩纸屑，举办了豪华假面舞会。从此以后，这项庆典活动逐渐演变成了互抛彩纸条、纸蛇和香味水的活动。这种习俗至今仍可在葡萄牙和巴西的上克鲁斯等地看到。

到了共和国初期，狂欢节的内容有了较大的变化，出现了乐队。1889年，一位名叫希儿尼亚·贡扎卡的人谱写了一首名为《展翅》的舞曲，从此，这一曲调就成了狂欢节的主旋律。目前，狂欢节主要的舞曲有团队进行曲、桑巴曲、小进行曲、锤击曲（一种非洲打击乐曲）、情节桑巴曲（一种根据神话、童话或传说改编的舞曲）以及弗列澳曲（舞者灵巧地弯曲大腿并猛烈腾踢）。但习惯上人们把各种舞统称为桑巴舞，所以，“桑巴”也成了狂欢节的代名词。

桑巴舞是一种集体性的交谊舞蹈，参加者少则几十人，多则上万人。这种舞蹈以鼓、锣等打击乐伴奏。这种舞蹈的舞步简单，双脚前移后退，身体侧倾，前后摇摆。男女舞者成对原地或绕舞厅相伴而舞，也可分开来跳各自的舞步。男舞者钟情于脚下各种灵巧的动作，两脚飞速移动或旋转。女舞者则以上身的抖动以及腹部与臀部扭动为主。桑巴舞可在舞厅和舞台上演出，而更多则是在露天的广场和大街上集体表演。舞者围成圆圈或排成双行，边唱边舞。舞者狂放不羁，动作幅度很大，节奏强烈，给人以激情似火的感觉。而大鼓、铜鼓、手鼓等打击乐器同时并作，高亢激越，声浪滚滚，更烘托出一种紧张炽热、烈火扑面的气氛。在这种气氛达到高潮之时，乐声往往又戛然而止，高难的舞蹈动作一下子“冷凝”为万般皆寂的雕塑似的静态。动与静的瞬间变化，大起大落的惊人和谐，制造出一种特有的惊喜感与震撼美。

### ◆爱尔兰踢踏舞

踢踏舞是爱尔兰的特色，更是爱尔兰的国粹。它结合了艺术的表演、优雅的舞蹈动作与舞者惊人的体能，能给欣赏者以强烈的感官享受。

踢踏舞的形式比较开放自由，没有很多的形式化限制。舞者不注重身体的舞姿，而是着重趾尖与脚跟的打击节奏的复杂技巧。表演者穿着特别的踢踏舞鞋，用脚的各个部位，在地板上摩擦拍击，发出各种踢踏声，加上舞者的各种优美舞姿，形成踢踏舞特有的幽默、诙谐和表现力非常丰富的一种魅力。经多年发展，踢踏舞吸收了爵士乐节奏、即兴表演等元素，也是一种非常有趣的运动，更具自娱性，也更加开放而具有挑战性，给人的感觉是轻快、活泼、自由、节奏感十足。

爱尔兰踢踏舞《大河之舞》剧照

踢踏舞是一种被用来听的舞蹈样式，甚至有一种说法认为一位伟大的踢踏舞舞蹈家更是一位音乐家。在早期的踢踏舞比赛中，评委甚至坐在木制的舞台下面，根本不看舞蹈演员，而是听他们打击节奏的轻重缓急，对于踢踏舞来说，最重要的是节奏是否清晰。一个好的踢踏舞者，不管是多快的节奏，多复杂的舞步，多轻的声音，都能做到清清楚楚。

在舞鞋方面，有些早期的文献记载，舞者们都是赤脚的。软鞋是到了1924年，女孩跳利尔舞、捷格舞、滑步捷格舞时才开始使用的。不久，男性舞者也开始使用软鞋，但到了1970年又舍弃。这时，硬鞋在款式上及技术上已经慢慢发展成熟。舞者采用玻璃纤维趾端和后鞋跟中空的舞鞋。这种材质上的改变让舞者能够将扣环钉在鞋跟上，并发出较大的声音，以制造像鼓一样的节奏，让每个观众都可以听见他们的旋律。这个改变也影响了许多舞蹈所强调的重点与内容。

（在之前，舞者会在鞋子底部与趾端中间放入硬币以增加音效）

专业的爱尔兰踢踏舞鞋，底部的“铁片”是由玻璃钢制成，从横截面

踢踏舞鞋

看，玻璃钢部分成 U 字形，厚约 3~4 厘米，与普通的踢踏舞鞋有很大的不同。因为鞋的侧面有玻璃钢，身体舞动时脚可以从多种角度击打地面，发出悦耳的声音。U 字形玻璃钢鞋跟中间会有一个“空”，专业演员会在 U 字形空间里放上麦克风，这样观众可以更清晰地听到不同脚步变换出的节奏，仿佛鞋跟敲在耳边。

## ◆日本传统歌舞

### （1）歌舞伎

歌舞伎是日本具有代表性的古典戏剧。它最初是一种女性的舞蹈表演（歌舞伎舞），但不久便发展成为剧中所有角色都由男性扮演的戏剧。因歌舞伎中的男子年轻貌美，深受武士的喜爱，演员生活作风糜烂，于是在 1965 年明令禁止“若众歌舞伎”活动。

歌舞伎三个字分别代表歌曲、舞蹈和演技。它是江户时期（1603 ~ 1868 年）由商人文化孕育而生的日本传统舞台艺术。歌舞

伎早先用三弦乐器伴奏，并综合了“能”“狂言”等先前的舞蹈、音乐、话剧于一身，之后又融入了18世纪非常受欢迎的人形净琉璃的剧目。歌舞伎的特点在于其押韵的台词、奇妙的舞蹈、悦耳的音乐、豪华的服饰、多彩的妆粉以及其他精心设计的饰物、大规模的舞台装置以及夸张且规范化的演技等。但也正因为如此，演员本身的演技水平在很大程度上起着决定性的作用。歌舞伎专用的剧场，在观众席中有演员上场专用“花道”和可以瞬间转换的“旋转舞台”等独特的舞台结构。

（2）雅乐

雅乐是宫廷中流传的日本最古老的演艺，它由管弦乐和舞蹈

日本歌舞伎

日本雅乐表演

两部分构成，其管弦乐队由横笛、笙、筚篥、琵琶、筝、鼓等乐器组成。

日本雅乐在表演时没有指挥，用鼓来打节奏，且鼓置于舞台的两侧。其舞台地板上是用绿色地毯。演唱家与舞蹈家是穿红色服装在舞台左侧演出，而伴奏的演奏家穿着偏蓝色的服装在舞台右侧演出。由此得知红色、绿色、蓝色是古老的日本人所喜爱的颜色。这与中国喜爱红色、黄色、蓝色是有所不同的。

（3）能剧

能剧原来是一种宗教仪式，具有700多年的历史，是日本具有代表性的传统舞台艺术。穿戴日本传统服饰的表演者为了掩饰自己的表情，戴上面具或者无表情地表演情趣盎然的传统舞蹈。它结合了舞蹈、戏剧、音乐和诗歌的舞台美学表演，在日本传统艺术里占有举足轻重的地位。能剧本质上是一种舞剧，剧本是用来创造舞蹈

能剧《九头龙》剧照

动作的背景。能剧的主旨不在戏剧行动里呈现，它只是致力于以抒情的形式来表达一种情境。所有的能剧都以一场舞蹈为极致，之前的台词主要的功用是为这一高潮预先铺设。能剧的表演者是扮演一种叙述故事的角色，能剧中的对话极少，动作、音乐都只是个大概象征，其中几乎无事件的发生，表演者多是以某种形式的譬喻来表达具体的概念，故必须对日本的历史文化有一定的认知，才能了解表演者所表达的内容。

（4）文乐

18 世纪初起源于大阪的“文乐”是日本典型的木偶戏，是与“能”“歌舞伎”并列的日本三大戏剧之一。表演时配有道白艺人的旁白和三弦琴音乐。文乐由 3 名木偶剧艺人表演，主角木偶由 3 名木偶剧艺人共同操弄。三弦琴伴奏与台词朗读配合栩栩如生的木偶动作，再加上绚丽多姿的木偶戏装，无论谁看了之后，都会对惟妙惟肖的表演留下深刻的印象。文乐多以武士传说以及民间真实故事为题材，木偶人衣装华丽，舞台场景宛如一幅美丽的图画。但是，文乐所表演的却多是悲剧故事，描述的都是超出常理的人生挫折、感情纠葛等。

## ◆韩国传统舞蹈

韩国的传统舞蹈最早始于史前时代的宗教仪式。当时各部落在神坛祭典时，常伴有集体歌舞，这样的歌舞随时代的变迁逐渐演变成固

韩国传统扇子舞

定的形式。韩国的传统舞蹈包括萨满教、佛教和儒教仪式，宫廷娱乐，乡村或民间舞蹈和假面舞剧六种。

韩国舞蹈的特有动作是：用脚跟行走和在脚跟上转动；身体下蹲以后轻柔地抬起；从臀部向上微微抖动；肩部颤动；动作干净利落，并善于临时发挥。韩国舞蹈中最富于特色的动作是身体的一部分悬空，身体在一只脚上保持平衡，另一条空着的腿伸直，同时肩膀上下颤动。这显示一种强烈的心醉神迷的意识。不仅萨满教和农民的民间舞蹈，而且连极其隆重的、有限的宫廷舞蹈也有肩膀颤动的动作。

和一般亚洲舞蹈一样，韩国舞蹈的表现形式不同于西方舞蹈。西方舞蹈表现舞蹈家的个性、性征和躯体。韩国舞蹈家不带个人感情色彩，抑制性征。西方舞蹈家喜欢使全场瞩目于自己，利用光、声和谐统一感和力度的变化，而韩国舞蹈家对身体的特技动作的外部表现不感兴趣，只喜欢表现高度抽象的喜悦。韩国舞蹈家的身体隐藏在带有长袖的宽大的丝绸衣服里，成了生活在一个纯净、抽象的世界里的某种花或鸟的形象。

## ◆泰国传统舞蹈

泰国传统舞蹈分古典舞和民族舞两种，其中古典舞是一种十分复杂而微妙的艺术，每个舞步动作都具有特殊含义，情节十分曲折。

古典舞是泰国舞蹈艺术精华，已有300多年历史，源于印度南部“卡达卡利”宗教舞蹈，同时又受中国皮影戏的影响。在古典舞中尤以哑剧舞驰名。古典舞又有“宫内”与“宫外”之别。宫内舞比较严肃古板，没有滑稽场面。与之相对的宫外舞则比较活泼自由、

泰国舞蹈

诙谐有趣。跳舞少女们所穿的服装以著名的泰国丝制成，再配上闪闪生光的金片。她们所戴的帽子体是寺庙风格的宝塔型金冠，充满宗教气息。

古典舞与戏剧可谓混为一体，不能分割。古典舞剧最著名的是Khon面具剧，该剧从印度庙的典礼和舞蹈中演变过来。全剧最特别的地方是所有男性舞者都带着不同的面具，穿着相异的服装，以显示其身份。与面具舞剧齐名而同样深受大众欢迎的是Lacorn舞蹈剧。剧中的男舞者大多以真面目示人，不需带上面具。

泰国古典舞经常在宗教活动、纪念典礼中出现，表演者在演出时完全赤脚，无论一举手或一投足，都是那么缓慢而富有韵律，婀娜多姿，妩媚动人。舞蹈者擅长以手和手指表达意思，譬如两手交叉于胸前表示爱；双手摩擦颈部代表愤怒；左掌伸平贴于胸口表示内心的喜悦；食指指向地面表示凶恶。整个舞蹈动中带静，静中有动，尤其是女演员，动作传情，眼睛传神，蕴藏无尽的神韵。

泰国的民族舞蹈十分丰富多彩，有表演结婚习俗的婚礼舞、妇女们下田插秧的农民舞、喜庆五谷丰登的丰收舞以及祝福舞。祝福舞是一种群众性的舞蹈，一般在宴会及联欢后同来宾一起共同欢跳。表演时，男女配对表演，旋转挥动手臂，轻轻抬起脚步，舞姿轻盈。泰国民族歌舞素以服装华贵、动作优雅、内涵丰富而脍炙人口。其中以玉指闪烁的指甲舞最有魅力，烛光流萤的蜡烛舞最有艺术，大众化的南旺舞最为普及。

### ◆西班牙斗牛舞

斗牛舞从外文音译过来叫帕索多波累，我们习惯于叫它为斗牛舞。斗牛舞起源于法国，盛行于西班牙。斗牛舞的舞蹈动作是模仿西班牙斗牛士的动作。它是用西班牙风格的进行曲来伴奏的，音乐和舞蹈都是表达斗牛场上紧张和激奋的情绪。

斗牛舞的动作中，男士是模仿斗牛士，女士则象征这斗牛士手中的斗篷，她的动作隐喻斗牛时牛穿越披肩。因此男士必须保持一种强壮英武的姿态，女士则要与男士默契配合，共同战胜野牛。斗牛舞的音乐是 2/4 拍，一小节两拍，重音在第一拍上，舞蹈是从音乐小节

西班牙斗牛舞

的第一拍上开始起步的。斗牛舞的舞步是一拍一步，它的舞步型有四步型的、八步型的等等。在斗牛舞的有些动作中，男士和女士并不像在正常的情况下有相对的脚的运动，比如在十六步型的第 7~16 步动作中，男士双脚停留在原地，而女士的运动是从并进姿态变换到反并进姿态，当女士跳她的舞步时，男士把手臂的造型从并进姿态到反并进姿态。

斗牛舞是表达斗牛场上斗牛士挥动斗篷，勇猛、机智地与野牛搏斗的壮观场景的舞蹈。斗牛舞采用西班牙风格的进行曲伴奏，它那鲜明的强弱节奏和雄壮有力的旋律，烘托出斗牛场上激奋的情绪。在跳斗牛舞时，男士必须保持一种强壮英武的姿态，脚部动作要坚实有力，膝盖要稍稍弯曲，这样便于控制腿部的动作。脚法上多使用掌，脚跟踮起，男女舞伴要稍微靠近些。所有的舞步、手臂动作的配合、身体的转动要刚劲有力，发力要快，收力要坚决，要在一刹那间停得住，特别强调膝部和脚部的力量。

斗牛舞在许多有心人士的大力推广下，受到大众的欢迎而流行，且成为竞赛舞。在一般公共场合很少有人跳斗牛舞，但是它的简单基本舞步非常适合拥挤的舞厅和餐厅，此种舞蹈在欧洲大陆已盛行很多年了。

## ◆柬埔寨皇家芭蕾舞

柬埔寨的舞蹈艺术是柬埔寨人民的瑰宝，是世界舞蹈艺术花园中的一朵奇葩。柬埔寨皇家芭蕾舞团的表演有着优雅的手势和细腻的技巧，极富美感。

柬埔寨舞蹈分为两大类，即古典舞蹈和民间舞蹈。古典舞蹈亦

柬埔寨皇家芭蕾舞表演

称宫廷舞蹈。今天柬埔寨人尊重这种传统，因为它体现高棉人的灵魂和文化。它的舞蹈家被认为是神和祖先的信使。柬埔寨在历史上深受婆罗门教与佛教的影响，因此，它的古典舞蹈也带有浓厚的宗教色彩。

古典舞蹈有两大特点：第一个特点是象征性，古典舞蹈舞姿典雅，动作优美，静中有动，动中寓静，静动自如，宽舒洒脱。通过每一个带有明确象征意义的姿势，用类似祈祷般的安静，平缓的节奏表达人物的痛苦、喜悦、愤怒、疑惑等各种复杂的内心活动；第二个特点是用歌唱来说明剧情的发展，在民族乐队伴奏下，歌唱演员随着舞蹈演员臂膀、手、脚的各种动作，用歌词来解释舞蹈的含义和显示舞蹈的不同进程。

柬埔寨国王诺罗敦·西哈努克的母亲西索瓦·哥沙曼·尼亚里丽王后曾担任过柬埔寨皇家芭蕾舞剧院院长，并亲自创作了《雄鸡舞》《蝴蝶舞》等舞蹈。西哈努克的大女儿帕花黛维公主是皇家芭蕾舞剧团的明星，她的古典舞蹈表演艺术造诣很深。她曾扮演《百花园中的仙女舞》中的仙女阿卜萨拉和《雷木·爱索与莫尼·麦卡拉舞》中的仙女莫尼·麦卡拉等许多重要角色。西哈努克的小儿子西哈莫尼也是一位舞蹈明星，他把柬埔寨古典舞蹈与法国的芭蕾舞相结合，为维护与发展柬埔寨的舞蹈艺术作出了重要贡献。帕花黛维公主和西哈莫尼王子曾多次率团访问中国和其他国家，受到当地观众的热烈欢迎，给人们留下了美好的印象。

近年，柬埔寨皇家芭蕾舞虽已经恢复昔日的光彩，然而它还是面对许多困难，譬如缺乏资金和合适的表演空间。

柬埔寨皇家芭蕾舞邮票